易达汉语系列教材

Easy Chinese Textbook Series

Learning spoken Chinese by rhythmic chants

汉语韵律会话

BOOK 4

第四册

达世平 达婉中 主编

Chief authors: Da Shiping & Wendy Da

北京语言大学出版社

BEIJING LANGUAGE AND CULTURE UNIVERSITY PRESS

图书在版编目（CIP）数据

汉语韵律会话·4 / 达世平，达婉中主编. —北京：北京语言大学出版社，2013.12

（易达汉语）

ISBN 978-7-5619-3745-7

Ⅰ.①汉…　Ⅱ.①达…②达…　Ⅲ.①汉语－口语－对外汉语教学－教材　Ⅳ.①H195.4

中国版本图书馆CIP数据核字（2013）第308667号

书　　名：汉语韵律会话·❹
　　　　　HANYU YUNLÜ HUIHUA ❹
中文编辑：黄　英
英文编辑：孙玉婷
责任印制：姜正周

出版发行：北京语言大学出版社
社　　址：北京市海淀区学院路15号　　邮政编码：100083
网　　址：www.blcup.com
电　　话：编辑部　8610-8230 3647 / 3592 / 3395
　　　　　国内发行　8610-8230 3650 / 3591 / 3648
　　　　　海外发行　8610-8230 0309 / 3365 / 3080
　　　　　读者服务部　8610-8230 3653 / 3908
　　　　　网上订购电话　8610-8230 3653（国内）/ 3668（海外）
　　　　　客户服务信箱　service@blcup.com
印　　刷：保定市中画美凯印刷有限公司
经　　销：全国新华书店

版　　次：2014年1月第1版　2014年1月第1次印刷
开　　本：889毫米×1194毫米　1/16　　印张：12.25
字　　数：225千字
书　　号：ISBN 978-7-5619-3745-7/ H・13371
　　　　　08800

凡有印装质量问题，本社负责调换。电话：82303590

CONTENTS
目录

CONTENTS
目 录

PREFACE

Learning Spoken Chinese by Rhythmic Chants, the backbone of the *Easy Chinese Textbook Series*, is intended for overseas youngsters to learn Chinese as a foreign language. There are altogether 8 volumes of textbooks. Each volume contains 6 units with several lessons in each unit.

Learning Spoken Chinese by Rhythmic Chants focuses on communicative functions with emphasis on repeated recycling of the vocabulary and progressive sequencing of the language structures. The most distinctive feature of this series is the rhyming texts, which allow students to read the texts aloud and memorize them easily. The dialogue and the exercises of each lesson are designed based on the content of the text, which is repeatedly presented and expanded through the lesson so as to help students consolidate their mastery of the language. Before publication, the drafts of the materials were used successfully by several international schools in China, where it was found that students were interested in reading aloud the rhyming texts, thus their enthusiasm for Chinese learning being increased.

The first two textbooks of this series focus on conversations of entry-level. Basic pronunciations and intonations are taught, and simple and practical expressions used in everyday life are presented, aiming at furnishing learners with basic skills to deal with such everyday issues as clothing, food, residence and transportation. In addition, each lesson contains an elementary introduction to aspects of Chinese culture and geography.

The third and fourth textbooks focus on expansion of students' vocabulary and expressions on the basis of what they have learned in the first two textbooks. By learning rhyming dialogues, students acquire the language skills quickly and increase their fluency in everyday life conversation.

The texts in Volumes 5 and 6 set against a background of modern Chinese society and culture, with which students could expand their knowledge in these directions while they are learning the Chinese language.

The texts in Volumes 7 and 8 use a background of Chinese culture and geography from ancient times to the present in order to bring about a more complete understanding of China's extensive and profound historical culture.

Upon the completion of either Volume 2 or Volume 4, *Magical Chinese Characters* of the *Easy Chinese Textbook Series* may be used depending on the students' ages to further their learning of Chinese characters.

The authors

前 言

《汉语韵律会话》是“易达汉语系列教材”的主干教材，是一套以国外青少年为主要教学对象的系列汉语口语教材，共8册，每册6个单元，每单元包括若干课。

这套系列教材以交际功能为主线，同时兼顾词汇的重复率和语言结构的递进性。这套教材的最大特点是，课文采用富于韵律的语言编写，琅琅上口，便于记忆。每课的对话及练习也都紧紧围绕课文内容不断复现、延展，以巩固教学效果。在正式出版之前，这套教材已经在中国的一些国际学校中试用。诵读韵律课文大大提高了教学的趣味性和学生学习的积极性。

本系列第一、二册为汉语会话入门，要求学生能初步掌握语音语调，学会最简单的实用生活用语，解决在汉语环境中日常生活中衣食住行的“生存”问题。第一、二册每单元还简单介绍了有关的中国文化和地理。

第三、四册在第一、二册的基础上增大词汇量，扩展对话内容的广度，学生在韵律会话中能很快掌握语言技能，从而应付各种日常生活场景，提高在汉语环境中生活的质量。

第五、六册以当代中国社会及文化为背景，让学生在学习汉语的同时，初步了解当代中国社会文化。

第七、八册以中国文化地理为背景，贯穿古今，便于学生初步了解中国博大精深的历史文化。

根据学生的不同年龄段，在完成《汉语韵律会话》第二册或第四册后，可以使用“易达汉语系列教材”中的《汉字字母教程》，强化汉字教学。

编　者

Qìhòu

气候

CLIMATE

1
UNIT
第一单元

Objectives

Upon successfully completing Unit 1, students will:

1. Vocabulary
   ★ have learned some words and expressions related to weather and climate.

2. Grammar
   ★ have learned the following patterns with "le (了)":

Eg. Tiānqì yùbào nǐ tīng le ma?
天气 预报 你 听 了 吗? (in the past, up to now)

Xià yǔ le.
下 雨 了。(right now)

Xiǎoxīn bié gǎnmào le.
小心 别 感冒 了。(in the future)

★ have learned the sentence patterns with "yīnwèi (因为)" and/or "suǒyǐ (所以)":

Eg. Yīnwèi Lúndūn de tiānqì méiyǒu rén shuō de zhǔn.
因为 伦敦 的 天气 没有 人 说 得 准。

Zhège jìjié méizi shú le, biàn huáng le, suǒyǐ jiào huángméi.
这个 季节 梅子 熟 了, 变 黄 了, 所以 叫 黄梅。

★ have learned the sentence patterns with "suīrán (虽然)" and/or "dànshì (但是)":

Eg. Suīrán wén qǐlai chòu, dànshì chī qǐlai hěn xiāng.
虽然 闻 起来 臭, 但是 吃 起来 很 香。

Suīrán jīngcháng xià yǔ, dàn yǔ xià de bù dà.
虽然 经常 下 雨, 但 雨 下 得 不 大。

Lesson One 第一课

Jīntiān tiānqì zěnmeyàng
今天天气怎么样 How is the weather today

1.1 Kèwén 课文 Text

1.1-1

Chant 1

Tiān qíng le, tàiyang lù chūlai le; qù hǎitān, shài tàiyang.
天晴了，太阳露出来了；去海滩，晒太阳。

Tiān yīn le, wūyún jùlǒng lái le; qīngtíng fēi, húdié wǔ.
天阴了，乌云聚拢来了；蜻蜓飞，蝴蝶舞。

Dǎ léi le, shǎndiàn liàng qǐlai le; háizi nào, xiǎo gǒu jiào.
打雷了，闪电亮起来了；孩子闹，小狗叫。

Xià yǔ le, yǔdiǎnr diào xiàlai le; héshuǐ liú, qīngwā chàng.
下雨了，雨点儿掉下来了；河水流，青蛙唱。

Guā fēng le, tóufa piāo qǐlai le; fàng fēngzheng, fēishàng tiān.
刮风了，头发飘起来了；放风筝，飞上天。

Xià xuě le, háizi pǎo chūlai le; duī xuěrén, dǎ xuězhàng.
下雪了，孩子跑出来了；堆雪人，打雪仗。

Fēng tíng le, yǔ tíng le, cǎihóng chūlai le, tàiyang xiào qǐlai le.
风停了，雨停了，彩虹出来了，太阳笑起来了。

1.1 Huìhuà 会话 Conversation

1.1-2

Zāogāo! Tāngmǔ, wàimian xià yǔ le.
A：糟糕！ 汤姆， 外面 下 雨了。

Gāngcái hái chū tàiyang, zěnme xiànzài jiù xià yǔ le?
B：刚才 还出 太阳， 怎么 现在 就 下 雨了？

Nǐ hái dǎsuan shàng jiē ma?
A：你还打算 上 街 吗？

Wǒ běnlái shì yào qù de, xiànzài wǒ bù xiǎng qù le.
B：我 本来是 要 去 的， 现在 我不 想 去了。

Zámen bù shì shuōhǎo yīqǐ qù de ma? Nà wǒ zhǐhǎo yī ge rén qù le.
A：咱们 不 是 说好 一起去的 吗？ 那 我 只好 一 个人 去了。

Xià cì yīdìng péi nǐ qù.
B：下 次 一定 陪 你 去。

1.1 Shēngcí 生词 New Words

1.1-3

本来	běnlái	*adv.*	originally, at first
彩虹	cǎihóng	*n.*	rainbow
出来	chūlai	*v.*	*used after a verb to indicate a motion from inside to outside*, come out
打雷	dǎ léi	*v.*	thunder
打雪仗	dǎ xuězhàng		have a snowball fight
掉	diào	*v.*	drop, fall
堆	duī	*v.*	heap, pile, stack
飞	fēi	*v.*	fly

风	fēng	*n.*	wind
风筝	fēngzheng	*n.*	kite
刮	guā	*v.*	(of wind) blow
海滩	hǎitān	*n.*	beach
蝴蝶	húdié	*n.*	butterfly
聚拢	jùlǒng	*v.*	gather, get together
露	lù	*v.*	show, reveal
闹	nào	*v.*	make a noise, be rowdy
陪	péi	*v.*	accompany, keep sb. company
起来	qǐlai	*v.*	*used after a verb or an adjective to indicate the commencement and continuation of an action or a state*
青蛙	qīngwā	*n.*	frog
蜻蜓	qīngtíng	*n.*	dragonfly
晒	shài	*v.*	bask (in the sun)
闪电	shǎndiàn	*n.*	lightning
停	tíng	*v.*	stop, halt
乌云	wūyún	*n.*	dark cloud, rain cloud
舞	wǔ	*v.*	dance
下来	xiàlai	*v.*	*used after a verb to indicate a downward direction or a movement from far to near*
笑	xiào	*v.*	laugh, smile
雪人	xuěrén	*n.*	snowman
阴	yīn	*adj.*	overcast, cloudy
糟糕	zāogāo	*adj.*	bad, awful
只好	zhǐhǎo	*adv.*	have no choice but

1.1 Yīngwén fānyì 英文翻译 English Version

Chant 1

It has cleared up; the sun has come out. Let's go sunbathing on the beach.
It is overcast; dark clouds are gathering. Dragonflies are flying and butterflies dancing.
The lightning is flashing and thunder crashing. Kids are making noises and dogs barking.
It is raining; raindrops are falling. Rivers are running happily and frogs singing with passion.
The wind is blowing and my hair is floating. I am flying a kite and it flies up to the sky.
It is snowing and kids have run out the door. They are making a snowman and having a snowball fight.
The wind has died out and the rain has stopped. A rainbow is hanging in the sky and the sun has come out with a big smile.

Conversation

A: How awful! Tom. It is raining outside.
B: How could it be? It was sunny just a moment ago.
A: Are you still going out?
B: I intended to. But now I don't feel like doing it.
A: But we agreed to go out together. Now I have to go alone.
B: I'll go with you next time. I promise.

Lesson Two 第二课

Zhōngguó de dìlǐ hé qìhòu
中国的地理和气候 Geography and climate of China

1.2 Kèwén 课文 Text

1.2-1

Chant 2

Dǎkāi dìtú kàn yī kàn, shìjiè gè guó zài yǎnqián.
打开地图看一看，世界各国在眼前。

Shàngmian běi, xiàmian nán; zuǒmian xī, yòumian dōng.
上面北，下面南；左面西，右面东。

Yàzhōu dōngmian yǒu Zhōngguó, tā zài dìtú zhèng dāngzhōng.
亚洲东面有中国，它在地图正当中。

Zhōngguó shǒudū shì Běijīng, Zhōngguó dōngmian shì hǎiyáng.
中国首都是北京，中国东面是海洋。

Běifāng zuì dà yǒu Huáng Hé, nánfāng zuì cháng yǒu Cháng Jiāng.
北方最大有黄河，南方最长有长江。

Chūn xià qìhòu shāo cháoshī, qiū dōng qìhòu jiào gānzào.
春夏气候稍潮湿，秋冬气候较干燥。

Zuì gāo wēndù sìshí dù, zuì dī líng xià èrshí dù.
最高温度四十度，最低零下二十度。

Dōngtiān běifāng hěn hánlěng, xiàtiān nánfāng bù liángkuai.
冬天北方很寒冷，夏天南方不凉快。

Xiàtiān、qiūtiān yǒu táifēng, dōngjì、chūnjì yǒu hánliú.
夏天、秋天有台风，冬季、春季有寒流。

Chūn xià huì guā dōngnán fēng, qiū dōng cháng guā xīběi fēng.
春夏会刮东南风，秋冬常刮西北风。

1.2 Huìhuà 会话 Conversation

1.2-2

Jīnnián chūntiān de tiānqì zhēn rè.
A：今年　春天 的天气 真 热。

Chūntiān hé dōngtiān qìwēn gāo de shíhou, wǒmen shuō "nuǎnhuo", bù shuō "rè".
B：春天　和 冬天　气温 高的时候，我们 说 "暖和"，不说 "热"。

Wèi shénme?
A：为　什么？

Yīnwèi yībān lái shuō, "nuǎnhuo" zhǐ bǐjiào shūfu, "rè" zhǐ bù tài shūfu.
B：因为 一般来说，"暖和" 指 比较舒服，"热" 指不太舒服。

Nàme "lěng" shì shūfu háishi bù shūfu ne?
A：那么 "冷" 是舒服 还是 不 舒服呢？

"Lěng" dāngrán shì bù shūfu, suǒyǐ, xiàtiān、qiūtiān qìwēn dī de shíhou, yào shuō "liángkuai".
B："冷"　当然 是不舒服，所以，夏天、秋天 气温低的时候，要 说 "凉快"。

Guàibude wǒ chángcháng tīngdào "lěng sǐ le" "rè sǐ le" "lèi sǐ le" "kě sǐ le", dàgài shì hěn bù shūfu, jiù xiàng sǐ le yīyàng ba.
A：怪不得 我　常常　听到 "冷死了" "热死了" "累死了" "渴死了"，大概是很不舒服，就 像死了一样 吧。

Yě bù yīdìng. Yǒushíhou yě shuō "gāoxìng sǐ le" "xìngfú sǐ le" "kāixīn sǐ le".
B：也不一定。有时候 也 说 "高兴死了" "幸福死了" "开心死了"。

1.2 Shēngcí 生词 New Words

1.2-3

不一定	bù yīdìng		not always, not necessarily

潮湿	cháoshī	*adj.*	wet, humid
春	chūn	*n.*	spring
打开	dǎkāi	*v.*	open, unfold
当中	dāngzhōng	*n.*	among, in the middle
地图	dìtú	*n.*	map
冬	dōng	*n.*	winter
干燥	gānzào	*adj.*	dry, arid
各	gè	*pron.*	all, every
怪不得	guàibude	*adv.*	no wonder
海洋	hǎiyáng	*n.*	ocean, sea
寒冷	hánlěng	*adj.*	cold, frigid
寒流	hánliú	*n.*	cold snap, cold current
较	jiào	*adv.*	comparatively, relatively, rather
开心	kāixīn	*adj.*	glad, happy
渴	kě	*adj.*	thirsty
累	lèi	*adj.*	tired, weary
凉快	liángkuai	*adj.*	nice and cool
气候	qìhòu	*n.*	climate
气温	qìwēn	*n.*	air temperature
秋	qiū	*n.*	autumn, fall
稍	shāo	*adv.*	a bit, a little
首都	shǒudū	*n.*	capital (of a country)
台风	táifēng	*n.*	typhoon
温度	wēndù	*n.*	temperature

夏	xià	*n.*	summer
幸福	xìngfú	*adj.*	happy, blissful
眼前	yǎnqián	*n.*	before one's eyes
一般	yībān	*adj.*	common, general

专有名词 Proper Names		
长江	Cháng Jiāng	Yangtze River, the longest river in China
黄河	Huáng Hé	Yellow River, the second-longest river in China

1.2 Yīngwén fānyì 英文翻译 English Version

Chant 2

Open a map and take a look. The whole world is in front of your eyes.
North is at the top and south is at the bottom; west is on the left and east is on the right.
China is in the east of Asia; it is at the center of the map (*Published by China).
Beijing is the capital of China. The east of China borders the ocean.
Yellow River is the biggest river in the north of China, while Yangtze River is the longest river in the south.
The air is moist in spring and summer, but is dry in autumn and winter.
The highest temperature is 40℃, while the lowest is -20℃.
The north of China is very cold in winter and the south of China is not cool in summer.
Typhoons come in summer and autumn, while cold currents come in winter and spring.
Southeast winds blow in spring and summer, while northwest winds blow in autumn and winter.

Conversation

A: This spring is really hot.

B: When the temperature is high in winter and spring, we say "nuǎnhuo (warm)" instead of "rè (hot)".

A: Why?

B: Generally "nuǎnhuo" describes a comfortable feeling, while "rè" is uncomfortable.

A: Does "lěng (cold)" make you feel comfortable or not?

B: Uncomfortable, of course. So when the temperature is low in summer and autumn, we use the word "liángkuai (cool)".

A: That's why I often hear people say "lěng sǐ le (I'm freezing)", "rè sǐ le (I'm burning up)", "lèi sǐ le (I'm exhausted)" and "kě sǐ le (I'm dying of thirst)". It must be so uncomfortable that one feels like dying. ("sǐ" means "to die".)

B: Not necessarily. Sometimes we also say "gāoxìng sǐ le", "xìngfú sǐ le" and "kāixīn sǐ le". All of them mean "I'm very happy".

Lesson Three 第三课

Tiānqì yùbào
天气预报 Weather forecast

1.3 Kèwén 课文 Text

1.3-1

Chant 3

Chūntiān xìyǔ miánmián, xiàtiān léishēng lónglóng,
春天 细雨 绵绵, 夏天 雷声 隆隆,

qiūtiān luò yè fēnfēn, dōngtiān xuěhuā piāopiāo.
秋天 落叶 纷纷, 冬天 雪花 飘飘。

Zǎoshang wēndù piān dī, zhōngwǔ wēndù shàngshēng,
早上 温度 偏低, 中午 温度 上升,

xiàwǔ bù lěng bù rè, wǎnshang qìwēn xiàjiàng.
下午不冷不热, 晚上 气温 下降。

1.3 Huìhuà 会话 Conversation

1.3-2

Míngtiān wǒ yào qù Shànghǎi chū chāi, bù zhīdào Shànghǎi de tiānqì zěnmeyàng.
A: 明天 我要去 上海 出差, 不知道 上海 的天气 怎么样。

Dǎkāi shōuyīnjī tīng yī tīng Shànghǎi de diàntái jiù zhīdao le.
B: 打开收音机 听一听 上海 的电台就知道了。

Diàntái de tiānqì yùbào jiémù yǐjīng jiéshù le, háishi kàn diànshì ba.
A: 电台 的天气预报节目已经结束了, 还是看 电视 吧。

Shànghǎi diànshìtái shì nǎge píndào?
B: 上海 电视台 是 哪个 频道?

Shì wǔ píndào, nǐ kàn, xiànzài zhèngzài
A：是 5 频道，你看，现在 正在

bō tiānqì yùbào.
播天气预报。

Shànghǎi qìxiàngtái xiànzài bōbào běn shì
C：上海 气象台 现在播报本 市

de tiānqì yùbào: jīntiān wǎnshang dào
的天气预报：今天 晚上 到

míngtiān zǎoshang, qíng dào duōyún,
明天 早上，晴到多云，

míngtiān xiàwǔ zhuǎn yīn, wǎnshang yǒu xiǎoyǔ. Fēnglì sān dào sì jí, zuì gāo wēndù
明天 下午 转 阴，晚上 有小雨。风力三到四级，最高温度

shíbā dù, zuì dī wēndù jiǔ dù.
18 度，最低温度 9 度。

Qìwēn háishi tǐng dī de, kànlái hái děi duō dài yī jiàn máoyī.
A：气温 还是挺低的，看来还得多带一件毛衣。

Shì a, xiǎoxīn bié gǎnmào le.
B：是啊，小心别 感冒了。

Zuìjìn de tiānqì yùbào zhǔn bu zhǔn?
A：最近的天气预报 准 不 准？

Hái kěyǐ ba, zhǔnquèlǜ dàgài bǎi fēn zhī bāshí.
B：还可以吧，准确率 大概 百分之八十。

Tīngshuō nánfāng yǒu léizhènyǔ.
A：听说 南方 有 雷阵雨。

Nà chángcháng shì zài xiàtiān, chūntiān suīrán yě yǒu, dànshì bù duō, yě bù dà.
B：那 常常 是在夏天，春天 虽然也有，但是不多，也不大。

1.3 Shēngcí 生词 New Words

1.3-3

百分之	bǎi fēn zhī		%, percent
本	běn	*pron.*	this

播	bō	*v.*	broadcast, spread
播报	bōbào	*v.*	broadcast, report
得	děi	*v.*	need, have to
电视台	diànshìtái	*n.*	TV station
电台	diàntái	*n.*	radio station
纷纷	fēnfēn	*adj.*	(of sth. falling down) numerous and disordered
风力	fēnglì	*n.*	wind force
感冒	gǎnmào	*v.*	catch a cold
级	jí	*m.*	level, rank, grade
节目	jiémù	*n.*	program, item (on a program)
结束	jiéshù	*v.*	finish, be over, end
雷阵雨	léizhènyǔ	*n.*	thunder shower
隆隆	lónglóng	*ono.*	(*sound of thunder*) rumble, boom
毛衣	máoyī	*n.*	sweater
偏	piān	*v.*	lean to one side, slant
频道	píndào	*n.*	channel
气象	qìxiàng	*n.*	meteorology
上升	shàngshēng	*v.*	rise, go up, ascend
市	shì	*n.*	city, town
收音机	shōuyīnjī	*n.*	radio (set), wireless (set)
台	tái	*n.*	station, service
挺	tǐng	*adv.*	very, rather, quite
细	xì	*adj.*	thin, slender
下降	xiàjiàng	*v.*	decline, drop, fall

小心	xiǎoxīn	*v.*	be careful
叶（子）	yè(zi)	*n.*	leaf
准	zhǔn	*adj.*	accurate, precise
准确率	zhǔnquèlǜ	*n.*	accuracy rate

1.3 Yīngwén fānyì 英文翻译 English Version

Chant 3

It rains softly in spring. Thunders shout loudly in summer.
Trees shed their leaves in autumn. Snowflakes fly everywhere in winter.

The temperature is low in the morning, but it goes up at noon.
The temperature is mild in the afternoon, but it drops when evening comes.

Conversation

A：I am going to Shanghai on a business trip tomorrow. But I don't know what the weather will be like over there.

B：Listen to a radio station in Shanghai and you will find out.

A：The radio weather report is over now. Let's watch TV.

B：Which channel is Shanghai Television on?

A：It is on Channel 5. Look, it is now reporting the weather.

C：This is Shanghai Meteorological Station. Here is the weather forecast for Shanghai: From this evening to tomorrow morning it will be sunny and then cloudy. Tomorrow afternoon it will turn overcast, with light rain in the evening. There will be a force 3-4 wind. The highest temperature will be 18°C and the lowest will be 9°C.

A：The temperature is pretty low. I'd better bring one more sweater.

B：Yes. Be careful. Don't catch a cold.

A：Have the weather forecasts been reliable lately?

B：They are all right, with about 80% accuracy.

A：I was told there are thunderstorms in the south of China.

B：They usually happen in summer. In spring there are some light thunder showers, but not very often.

Lesson Four 第四课

Huángméitiān
黄梅(霉)天 Yellow plum (mold) rainy season

1.4 Huìhuà 会话 Conversation

1.4-1

Zhè jǐ tiān lǎoshì yīhuìr xià yǔ, yīhuìr chū tàiyang, zhēn qíguài.
A：这几天老是一会儿下雨，一会儿出太阳，真奇怪。

Xiànzài shì huángméitiān.
B：现在是黄梅（霉）天。

Shénme jiào huángméitiān?
A：什么叫黄梅（霉）天？

Jiù shì zài Zhōngguó dōngnán yánhǎi dìqū liùyuè dào qīyuè de shíhou chūxiàn de tiānqì.
B：就是在中国东南沿海地区六月到七月的时候出现的天气。

Yǒu shénme tèdiǎn ma?
A：有什么特点吗？

Qìwēn bǐjiào gāo, kōngqì hěn cháoshī; suīrán jīngcháng xià yǔ, dàn yǔ xià de bù dà.
B：气温比较高，空气很潮湿；虽然经常下雨，但雨下得不大。

Gāngcái hái zài xià yǔ, hūrán yòu chū tàiyang le.
A：刚才还在下雨，忽然又出太阳了。

Yǒushí hái yībiān xià yǔ yībiān chū tàiyang ne. Zhè jiù shì tā de tèdiǎn.
B：有时还一边下雨一边出太阳呢。这就是它的特点。

"Huángméi" shì shénme yìsi?
A："黄梅（霉）"是什么意思？

Yǒu liǎng ge yìsi, "méi" hé "méi" shì tóngyīncí. Dì yī ge "méi" shì "méizi" de "méi".
B：有两个意思，"梅"和"霉"是同音词。第一个"梅"是"梅子"的"梅"。

Méizi shì shénme dōngxi?
A：梅子是什么东西？

Méizi shì yī zhǒng shuǐguǒ, zhège jìjié méizi shú le, biàn huáng le, suǒyǐ jiào
B：梅子是一种水果，这个季节梅子熟了，变黄了，所以叫

huángméi.
黄梅。

Nàme hái yǒu yī ge yìsi ne?
A：那么 还 有 一 个意思呢？

Dì èr ge "méi" shì "fā méi" de "méi".
B：第二个 "霉" 是 "发霉" 的 "霉" 。

"Fā méi" yòu shì shénme yìsi?
A："发霉" 又 是 什么意思？

Jiù shì kōngqì cháoshī, wēndù yòu bǐjiào gāo, dōngxi shàngmian róngyì zhǎngchū huáng
B：就是 空气 潮湿，温度 又 比较 高，东西 上面 容易 长出 黄

yánsè huò lǜ yánsè de máo.
颜色 或 绿 颜色 的 毛。

Wǒ zuì tǎoyàn dōngxi fā méi le.
A：我 最 讨厌 东西 发霉 了。

Nǐ xǐhuan chī chòudòufu ma?
B：你 喜欢 吃 臭豆腐 吗？

Jiù shì suīrán wén qǐlai chòu, dànshì chī
A：就 是 虽然 闻 起来 臭， 但是 吃

qǐlai hěn xiāng de nà zhǒng dòufu?
起来 很 香 的 那 种 豆腐？

Shì a! Chòudòufu qíshí jiù shì yī zhǒng méijūn zài qǐ zuòyòng, yǒudiǎnr xiàng nǎilào
B：是 啊！ 臭豆腐 其实 就 是 一 种 霉菌 在 起 作用， 有点儿 像 奶酪

hé suānnǎi.
和 酸奶。

Guòqù juéde wèidao hěn guài, hòulái fāxiàn háishi hěn hǎochī de.
A：过去 觉得 味道 很 怪，后来 发现 还是 很 好吃 的。

1.4 Shēngcí 生词 New Words 1

1.4-2

出现	chūxiàn	*v.*	appear
地区	dìqū	*n.*	area, region

发霉	fā méi	*v.*	become mildewed, go moldy
发现	fāxiàn	*v.*	discover, find
刚才	gāngcái	*n.*	just now, a short moment ago
怪	guài	*adj.*	strange, queer
过去	guòqù	*n.*	(in the) past
忽然	hūrán	*adv.*	suddenly
菌	jūn	*n.*	bacterium, fungus
空气	kōngqì	*n.*	air
毛	máo	*n.*	hair, mildew, mold
梅子	méizi	*n.*	plum
霉	méi	*v./n.*	become mildewed, go moldy; mildew, mold
霉菌	méijūn	*n.*	mildew, mold
奶酪	nǎilào	*n.*	cheese
起	qǐ	*v.*	appear, happen
熟	shú	*adj.*	ripe
酸奶	suānnǎi	*n.*	yogurt
讨厌	tǎoyàn	*v.*	dislike, be disgusted with
特点	tèdiǎn	*n.*	characteristic, feature
沿海	yánhǎi	*n.*	along the coast
颜色	yánsè	*n.*	color
一边……一边……	yībiān……yībiān……	*adv.*	*indicating two actions taking place at the same time*
作用	zuòyòng	*n.*	function, effect

1.4 Kèwén 课文 Text

1.4-3

Chant 4

Táifēng、kuángfēng、lóngjuǎnfēng, yīnyǔ、 méiyǔ、 bàofēngyǔ,
台风、 狂风、 龙卷风, 阴雨、梅雨、暴风雨,

hǎixiào、dìzhèn、 níshíliú, shuǐzāi、 hànzāi hé huǒzāi.
海啸、地震、泥石流, 水灾、旱灾 和 火灾。

1.4 Shēngcí 生词 New Words 2

1.4-4

暴风雨	bàofēngyǔ	*n.*	storm
地震	dìzhèn	*n.*	earthquake
海啸	hǎixiào	*n.*	tsunami
旱灾	hànzāi	*n.*	drought
火灾	huǒzāi	*n.*	fire (as a disaster)
狂风	kuángfēng	*n.*	gale
龙卷风	lóngjuǎnfēng	*n.*	tornado
梅雨	méiyǔ	*n.*	plum rain, intermittent drizzles (during the rainy season in the middle and lower reaches of the Yangtze River)
泥石流	níshíliú	*n.*	mudslide
阴雨	yīnyǔ	*n.*	overcast and rainy

1.4 Yīngwén fānyì
英文翻译
English Version

Conversation

A: It has been really strange lately. One minute it rains, and the next the sun shines.

B: It is the "*huangmei* rainy season" now.

A: What is the "*huangmei* rainy season"?

B: It happens between June and July in southeast coastal areas of China.

A: What characteristics does it have?

B: The temperature is high and the air is humid. It rains a lot but not heavily.

A: It was raining just a minute ago and now it's sunny again.

B: Sometimes it rains with the sun shining in the sky. This is the characteristic.

A: What does "*huangmei*" mean?

B: "*huang*" means "yellow", and "*mei*" has two different meanings. Firstly, it means "*meizi*".

A: What is "*meizi*"?

B: It is a kind of plum which gets ripe and turns yellow in this season, thus called "*huangmei*".

A: And what's the other meaning of "*mei*"?

B: The other meaning is "*fa mei*".

A: What does that mean?

B: It means "going moldy". When it's humid and hot, things get yellow or green molds on them.

A: I hate moldy things.

B: Do you like smelly tofu?

A: You mean the kind of tofu that smells bad but tastes good?

B: Yes. It is produced under the effect of a type of mold, a little bit like cheese and yogurt.

A: I used to think it tastes weird, but later I found it delicious.

Chant 4

Typhoon, gale and tornado; rain, plum rain and storm.
Tsunami, earthquake and mudslide; flood, drought and fire.

Lesson Five 第五课

Fùxí (Júbù dìqū yǒushí yǒu yǔ)
复习（局部地区有时有雨）
Review (Occasional rain in parts of the area)

1.5 Huìhuà 会话 Conversation

1.5-1

Nǐ tīng jīntiān de tiānqì yùbào le ma?
A：你 听 今天 的 天气 预报了 吗？

Méiyǒu. Tiānqì yùbào zěnme shuō?
B：没有。天气 预报 怎么 说？

Qíng zhuǎn duōyún，júbù dìqū yǒushí yǒu yǔ.
A：晴 转 多云，局部 地区 有时 有 雨。

Zhè bù děngyú méi shuō ma?
B：这 不 等于 没 说 吗？

Wèi shénme?
A：为 什么？

Nǐ xiǎng yī xiǎng，qíngtiān hé yīntiān dōu kěyǐ zhème shuō，xià yǔ huòzhě bù xià yǔ dōu shì duì de.
B：你 想 一 想， 晴天 和 阴天 都 可以 这么 说，下 雨 或者 不 下 雨 都 是 对 的。

"Júbù dìqū" biǎoshì shénme?
A："局部 地区" 表示 什么？

"Júbù dìqū" jiù shì bùfen dìqū，bù shì quánbù.
B："局部 地区" 就 是 部分 地区，不 是 全部。

"Yǒushí yǒu yǔ" shì shénme yìsi?
A："有时 有 雨" 是 什么 意思？

Jiù shì yǒushíhou yǒu yǔ，yǒushíhou méi yǔ，bù yīdìng.
B：就 是 有时候 有 雨，有时候 没 雨，不 一定。

Zuótiān hǎoxiàng yě shì zhème shuō de.
A：昨天 好像 也 是 这么 说 的。

Shì a, tiāntiān dōu kěyǐ zhème shuō.
B：是啊，天天 都 可以 这么 说。

Yàoshi tiāntiān dōu zhème shuō, zhèyàng de tiānqì yùbào yǒu shénme yòng! Zhè bù shì
A：要是 天天 都 这么 说，这样 的 天气 预报 有 什么 用！这 不 是

kāi wánxiào ma?
开 玩笑 吗？

Bù néng wánquán shuō shì kāi wánxiào, yǒushíhou de tiānqì jiù shì nàyàng.
B：不 能 完全 说 是 开 玩笑，有时候 的 天气 就是 那样。

Shì de, zhè zhǒng qíngkuàng yǒushí yě shì huì chūxiàn de.
A：是 的，这 种 情况 有时 也 是 会 出现 的。

Tèbié shì zài Lúndūn, yīnwèi Lúndūn de tiānqì méiyǒu rén shuō de zhǔn.
B：特别 是 在 伦敦，因为 伦敦 的 天气 没有 人 说 得 准。

Guàibude Lúndū rén shǒu li zǒng yǒu yī bǎ sǎn.
A：怪不得 伦敦 人 手 里 总 有 一 把 伞。

Shì a. Nánguài Lúndū rén liáo tiānr zǒngshì yào tánlùn tiānqì.
B：是啊。难怪 伦敦 人 聊 天儿 总是 要 谈论 天气。

1.5 Shēngcí 生词 New Words

1.5-2

表示	biǎoshì	*v.*	express, mean
部分	bùfen	*n.*	part, section
等于	děngyú	*v.*	equal, be equivalent to
好像	hǎoxiàng	*adv.*	be like, seem like
局部	júbù	*n.*	part, locality
开玩笑	kāi wánxiào		crack a joke, make fun of
聊天儿	liáo tiānr	*v.*	chat
那样	nàyàng	*pron.*	like that, that way
难怪	nánguài	*adv.*	no wonder

能	néng	*v.*	can, be able to, may
情况	qíngkuàng	*n.*	situation, circumstance
全部	quánbù	*n.*	whole, entirety, total
谈论	tánlùn	*v.*	discuss, talk about
完全	wánquán	*adv.*	totally, completely, entirely
要是	yàoshi	*conj.*	if, in case
有时	yǒushí	*adv.*	(*same as "有时候"*) sometimes
总(是)	zǒng(shì)	*adv.*	always

1.5 Yīngwén fānyì 英文翻译 English Version

Conversation

A: Have you heard the weather forecast today?

B: No, I haven't. What does it say?

A: It says it will be sunny and then cloudy, and "Júbù dìqū yǒushí yǒu yǔ" (there will be occasional rain in parts of the area).

B: It doesn't make any sense.

A: Why not?

B: Look. According to what it says, it can be sunny or cloudy, and it may or may not rain.

A: What does "júbù dìqū" mean?

B: It means certain areas, not everywhere.

A: What does "yǒushí yǒu yǔ" mean?

B: It means it rains sometimes, not all the time.

A: It seems the weather forecast said the same thing yesterday.

B: Yes. The same thing can be said every day.

A: What's the point of making a weather forecast if they tell the same thing every day. It's a joke, isn't it?

B: Not really a joke. Sometimes the weather is just like that.

A: Yes. It happens.

B: Especially in London. No one could forecast London's weather.

A: No wonder everyone carries an umbrella in London.

B: Yes. And that is why people in London like to talk about the weather.

1.5 Jiàoxué zhòngdiǎn 教学重点

- 词汇

与天气、气象有关的词语

- 句型

1. 了：表示发生了变化，可以用于过去、现在或将来。
2. 因为、所以：可以分别单独使用，也可以合起来用（因为……所以……）。
3. 虽然、但是：通常合起来用（虽然……但是……）。

Jiāotōng

交通

TRAFFIC

2 UNIT 第二单元

Objectives

Upon successfully completing Unit 2, students will:

1. Vocabulary

★ have learned some words and expressions related to traffic and transportation.

2. Grammar

★ have learned the sentence patterns with "cái (才)" or "jiù (就)":

Eg. Tā sān diǎn cái lái.
他三点才来。

Tā sān diǎn jiù lái le.
他三点就来了。

★ have learned the complement of result:

Eg. tīng dǒng
听＋懂（verb）

tīng dào/jiàn
听＋到/见（verb）

tīng wán
听＋完（verb）

tīng cuò
听＋错（adjective）

tīng qīngchu
听＋清楚（adjective）

tīng dào yībàn
听＋到一半（phrase）

Lesson One 第一课

Nǐ zěnme qù
你怎么去 How are you going there

2.1 Kèwén 课文 Text

2.1-1

Chant 1

Wǒ yào qù Běijīng, wǒ xiǎng zuò huǒchē.
我 要 去 北京，我 想 坐 火车。

Nín zuò nǎ yī cì? Wǒ zuò D sān yāo sì cì.
您 坐 哪 一 次？我 坐 D314 次。

Zuòpiào háishi wòpù piào? Wǒ yào wòpù piào.
坐票 还是 卧铺 票？我 要 卧铺 票。

Yìngwò háishi ruǎnwò piào? Wǒ yào ruǎnwò piào.
硬卧 还是 软卧 票？我 要 软卧 票。

Wǒ yào qù Xiānggǎng, wǒ xiǎng zuò fēijī.
我 要 去 香港，我 想 坐 飞机。

Nín zuò nǎ yī bān? Wǒ zuò Dōngháng A yāo sān.
您 坐 哪 一 班？我 坐 东航 A13。

Tóuděng háishi jīngjì cāng? Wǒ yào jīngjì cāng.
头等 还是 经济 舱？我 要 经济 舱。

Dānchéng háishi wǎngfǎn piào? Wǒ yào wǎngfǎn piào.
单程 还是 往返 票？我 要 往返 票。

2.1 Huìhuà 会话 Conversation

2.1-2

(Zài huǒchēzhàn)
（在 火车站）

Nǐ zěnme xiànzài cái lái? Běnlái wǒ zuótiān wǎnshang xiǎng dǎ diànhuà tíxǐng nǐ de.
A：你怎么现在才来？本来我昨天晚上想打电话提醒你的。

Wǒ hěn zǎo jiù chū mén le, lùshang zǒule yī ge zhōngtóu, dǔ chē dǔ de lìhai.
B：我很早就出门了，路上走了一个钟头，堵车堵得厉害。

Gǎnkuài! Gǎnkuài! Fǒuzé gǎn bu shàng chē le.
A：赶快！赶快！否则赶不上车了。

Bié zháo jí, xiànzài cái jiǔ diǎnzhōng, hái yǒu bàn ge duō zhōngtóu na.
B：别着急，现在才9点钟，还有半个多钟头哪。

Nǐ zǒngshì "bù yàojǐn" "bié zháo jí".
A：你总是"不要紧""别着急"。

Nǐ zǒngshì "Gǎnkuài! Gǎnkuài!"
B：你总是"赶快！赶快！"

"Gǎnjǐn! Gǎnjǐn!"
"赶紧！赶紧！"

Zhēn wù diǎn jiù láibují le.
A：真误点就来不及了。

Bù huì de, láidejí.
B：不会的，来得及。

2.1 Shēngcí 生词 New Words

2.1-3

舱	cāng	*n.*	cabin (of a ship or an aeroplane)
出门	chū mén	*v.*	go out, leave home, travel
次	cì	*n.*	(*indicating sequence*) number, No.
单程	dānchéng	*n.*	one way

堵	dǔ	*v.*	stop up, block
堵车	dǔ chē	*v.*	have a traffic jam
否则	fǒuzé	*conj.*	or, otherwise
赶	gǎn	*v.*	hurry, try to catch, rush for
赶不上	gǎn bu shàng		cannot catch up with
赶紧	gǎnjǐn	*adv.*	immediately, hurriedly
赶快	gǎnkuài	*adv.*	hurriedly, quickly
火车	huǒchē	*n.*	train
火车站	huǒchēzhàn	*n.*	railway station
来不及	láibují	*v.*	it's too late, there's not enough time (to do sth.)
来得及	láidejí	*v.*	be able to do sth. in time, there's still time (to do sth.)
厉害	lìhai	*adj.*	terrible, serious
票	piào	*n.*	ticket
软卧	ruǎnwò	*n.*	soft berth
提醒	tíxǐng	*v.*	remind, call attention, warn
头等	tóuděng	*adj.*	first-class, first-rate
往返	wǎngfǎn	*v.*	travel to and fro
卧铺	wòpù	*n.*	sleeping berth
误点	wù diǎn	*v.*	be late, be behind schedule
要紧	yàojǐn	*adj.*	serious, critical
硬卧	yìngwò	*n.*	hard berth
着急	zháo jí	*adj.*	worried, anxious
钟头	zhōngtóu	*n.*	hour

● 专有名词 Proper Name		
东航	Dōngháng	China Eastern Airlines

2.1 Yīngwén fānyì 英文翻译 English Version

Chant 1

I am going to Beijing. I want to go by train.
Which train will you take? I am going to take D314.
Do you want a seat or a sleeper berth? A sleeper berth.
Hard berth or soft berth? Soft berth.

I am going to Hong Kong. I want to go by airplane.
Which flight will you take? I am going to take Flight A13 of China Eastern Airlines.
First class or economic class? Economic class.
A one-way ticket or round-trip tickets? Round-trip tickets.

Conversation

(At the railway station)

A: Why are you so late? I thought about calling you last night to remind you of the time.

B: I left home very early. But there was a terrible traffic jam and it took me one hour to get here.

A: Hurry up! Hurry up! Or we will miss the train.

B: Don't worry. It is only 9 o'clock and we still have more than half an hour.

A: All you say is "No hurry!" and "Don't worry!".

B: And you keep saying "Be quick! Be quick!" and "Hurry up! Hurry up!".

A: You will regret if we miss the train.

B: We won't miss it. We still have time.

Lesson Two 第二课

Zuò fēijī
坐飞机 Traveling by air

2.2 Kèwén 课文 Text 1

2.2-1

Chant 2

Fēijī lǚxíng sùdù kuài, zhùyì shìxiàng yào jìláo.
飞机 旅行 速度 快，注意 事项 要 记牢。

Xíngli tuōyùn xiān bànhǎo, ānquán jiǎnchá qǐng pèihé.
行李 托运 先 办好，安全 检查 请 配合。

Shàngle fēijī bù chōu yān, bù dǎ shǒujī shǎo hē jiǔ.
上了 飞机 不 抽 烟，不 打 手机 少 喝 酒。

Qǐfēi qián hé jiàngluò qián, qǐng nín jìhǎo ānquándài.
起飞 前 和 降落 前，请 您 系好 安全带。

2.2 Huìhuà 会话 Conversation

2.2-2

Qǐngwèn, A èr sān líng hángbān jǐ diǎn dàodá?
A：请问， A230 航班 几 点 到达？

Zhǔndiǎn dàodá yīnggāi shì shí diǎn wǔshí fēn, xiànzài yǐjīng wǎn diǎn liǎng ge
B：准点 到达 应该 是 10 点 50 分，现在 已经 晚 点 两 个

xiǎoshí le.
小时 了。

Wǒ lái jiē péngyou, qǐngwèn hái yào děng duō jiǔ?
A：我 来 接 朋友，请问 还 要 等 多 久？

Gūjì hái yào yī ge duō xiǎoshí. Nǐ kěyǐ kàn diànshì píngmù shang de zhǔnquè xìnxī.
B: 估计还要一个多小时。你可以看电视屏幕上的准确信息。

Wǒ jiù zài zhèlǐ děng, xíng ma?
A: 我就在这里等，行吗？

Zhèlǐ shì "chūfā", "dàodá" zài lóu xià.
B: 这里是"出发"，"到达"在楼下。

Xièxie!
A: 谢谢！

Bù kèqi.
B: 不客气。

2.2 Shēngcí 生词 1 New Words

2.2-3

安全	ānquán	*adj.*	safe
安全带	ānquándài	*n.*	seat belt
抽	chōu	*v.*	draw, pump
出发	chūfā	*v.*	depart, set out, start off
到达	dàodá	*v.*	arrive, reach
估计	gūjì	*v.*	estimate, reckon
（记）牢	(jì)láo	*adj.*	(remember) well, firm, fast, durable
系	jì	*v.*	tie, fasten
检查	jiǎnchá	*v.*	examine, check, inspect
降落	jiàngluò	*v.*	descend, land
接	jiē	*v.*	meet, pick up, welcome
楼下	lóu xià		downstairs
配合	pèihé	*v.*	cooperate, coordinate

屏幕	píngmù	*n.*	screen
起飞	qǐfēi	*v.*	(of an aircraft, etc.) take off
少	shǎo	*adj.*	few, little
事项	shìxiàng	*n.*	item, point, matter
速度	sùdù	*n.*	speed
托运	tuōyùn	*v.*	check (one's luggage), consign for shipment
晚点	wǎn diǎn	*v.*	(of a train, ship, flight, etc.) be behind schedule, be late
信息	xìnxī	*n.*	information
烟	yān	*n.*	tobacco, smoke, cigarette
应该	yīnggāi	*v.*	should, ought to
准点	zhǔndiǎn	*adj.*	on schedule, on time
准确	zhǔnquè	*adj.*	accurate, exact, precise

2.2 Kèwén 课文 Text 2

2.2-4

Jīchǎng de guǎngbō
机场 的 广播 Announcement in an airport

Lǚkèmen qǐng zhùyì:
旅客们 请 注意：

Cóng Shànghǎi fēi wǎng Xiānggǎng de D wǔ sān liù hángbān xiànzài kāishǐ jiǎn piào.
从 上海 飞 往 香港 的 D536 航班 现在 开始 检 票。

Tóuděng cāng zài wǔ hào jiǎnpiàokǒu bànlǐ dēngjīpái, shāngwù cāng hé
头等　舱 在 5 号 检票口 办理 登机牌， 商务　舱 和

jīngjì cāng zài qī hào jiǎnpiàokǒu bànlǐ.
经济 舱 在 7 号 检票口 办理。

Xūyào tuōyùn de xíngli, qǐng xiézhù jiǎnchá; xūyào shēnbào hǎiguān de,
需要 托运 的 行李，请 协助 检查；需要 申报　海关 的，

qǐng shuōmíng.
请　说明。

2.2 Shēngcí 生词 2 New Words

2.2-5

办理	bànlǐ	*v.*	handle, deal with
登机牌	dēngjīpái	*n.*	boarding pass
广播	guǎngbō	*v.*	broadcast
海关	hǎiguān	*n.*	customs, custom house
检票	jiǎn piào	*v.*	examine/check the ticket
检票口	jiǎnpiàokǒu	*n.*	ticket barrier
旅客	lǚkè	*n.*	traveler, passenger
商务	shāngwù	*n.*	commercial affairs
申报	shēnbào	*v.*	declare (sth. to the customs)
说明	shuōmíng	*v.*	explain, illustrate, show
协助	xiézhù	*v.*	assist, help, aid
需要	xūyào	*v.*	need, want, demand
注意	zhùyì	*v.*	pay attention, notice

2.2 Yīngwén fānyì 英文翻译 English Version

Chant 2

It takes less time to travel by plane, but you have to remember the following tips.
Check in your luggage first and cooperate during the security check.
Don't smoke on the plane. Don't use your cell phone, and drink less wine.
Please fasten your seat belt before take-off and landing.

Conversation

A: Excuse me, when will Flight A230 arrive here?
B: It should have arrived at 10:50, but it is two hours late now.
A: I'm here to pick up a friend. How much longer do I have to wait?
B: Probably more than an hour, I'm afraid. You can get the accurate information on the screen.
A: Can I wait here?
B: This is the departure lobby. The arrival lobby is downstairs.
A: Thank you!
B: You are welcome.

Announcement in an airport

Dear passengers, attention please!
Flight D536 from Shanghai to Hong Kong is checking in now.
Passengers of first class, please check in at Counter No. 5. And passengers of business class and economic class, please check in at Counter No. 7.
If you have luggage to check in, please cooperate with the security examiners. If you have items to declare, please specify them.

Lesson Three 第三课

Chū mén

出门 Traveling away from home

2.3 Kèwén 课文 1 Text

2.3-1

Chant 3

Bàba zuò fēijī chū chāi, māma zuò huǒchē lǚyóu,
爸爸坐飞机出差，妈妈坐火车旅游，

gēge zuò dìtiě shàng bān, wǒ qí zìxíngchē shàng xué.
哥哥坐地铁上班，我骑自行车上学。

Tā zuò xiǎo chuán guàng Xī Hú, nǐ zuò lǎnchē yóu Huáng Shān.
他坐小船逛西湖，你坐缆车游黄山。

Chē dào shān qián bì yǒu lù, chuán dào qiáo tóu zìrán zhí.
车到山前必有路，船到桥头自然直。

2.3 Huìhuà 会话 Conversation

2.3-2

Xiǎo Wáng, hǎo cháng shíjiān méi kàndào nǐ, qù nǎr la?
A：小王，好长时间没看到你，去哪儿啦？

Chū chāi qù le.
B：出差去了。

Qù nǎlǐ chū chāi la?
A：去哪里出差啦？

Qù Hángzhōu chū chāi le.
B：去杭州出差了。

Zhè kě shì měi chāi a!
A：这可是美差啊！

Zěnme jiǎng?
B：怎么 讲？

Hángzhōu shì ge hǎo dìfang，fēngjǐng yōuměi. Qù chū chāi jiù hé dùjià yīyàng，hái
A：杭州 是个好 地方， 风景 优美。去 出 差就和度假一样，还

bù měi ma?
不美吗？

Shì de. “Shàng yǒu tiāntáng，xià yǒu
B：是的。“上 有 天堂，下 有

Sū Háng” ma.
苏杭”嘛。

Bùguò nǐ yě děi xiǎoxīn.
A：不过你也得小心。

Xiǎoxīn shénme?
B：小心 什么？

Yǒu rén shuō: dàole Hángzhōu，jiù lí tiāntáng bù yuǎn le.
A：有 人 说：到了 杭州， 就离天堂 不 远 了。

Zhè jù huà shì shénme yìsi?
B：这句话是 什么意思？

Nǐ méi tīngshuō Hángzhōu chūle jǐ cì chēhuò ma?
A：你没 听说 杭州 出了几次车祸 吗？

Jiù shì qìchē zài bānmǎxiàn shang zhuàngsǐ rén de shì ba. Jìnnián lái， zài hěn duō
B：就是汽车在 斑马线 上 撞死 人的事吧。近年来，在很 多

chéngshì dōu fāshēngguo zhèyàng de shìqing.
城市 都 发生过 这样 的事情。

Tīngshuō dōu shì xiē xiǎo qīngnián biāochē chuǎng de huò.
A：听说 都是些小 青年 飙车 闯 的祸。

Zhèxiē rén jiā li qián hěn duō，kāi de dōu shì míngpái chē，kě jiù shì quēfá jiàoyǎng，
B：这些人家里钱很多，开的都是名牌 车，可就是缺乏教养，

bù dǒng wénmíng lǐmào.
不懂 文明 礼貌。

Shì a! Zhèxiē rén lián zuì qǐmǎ de zuòrén de dàolǐ dōu bù dǒng!
A：是啊！这些人连最起码的做人的道理都不 懂！

Duì zhèxiē rén jiù yīnggāi hěnhěn de chéngfá、 hǎohāor de jiàoyù.
B：对 这些 人 就 应该 狠狠 地 惩罚、好好儿 地 教育。

Jiāotōng guīzé，yīnggāi rénrén zūnshǒu.
A：交通 规则，应该 人人 遵守。

Zhè bùjǐn shì bǎohù zìjǐ， gèng zhòngyào de shì zūnzhòng tārén de shēngmìng.
B：这 不仅是 保护 自己，更 重要 的是 尊重 他人的 生命。

2.3 Kèwén 课文 2 Text

2.3-3

Huǒchēzhàn de guǎngbō
火车站 的 广播 Announcement in a railway station

Chéngkè nín hǎo cóng Shànghǎi fā wǎng Běijīng de K yāo líng sì cì lièchē
乘客 您 好，从 上海 发往 北京 的 K104 次 列车

xiànzài kāishǐ jiǎn piào，lièchē tíngkào yī hào zhàntái.
现在 开始 检 票，列车 停靠 1 号 站台。

……

Xiànzài lí kāi chē hái yǒu shí fēnzhōng，qǐng lǚkèmen zhuā jǐn shàng chē，
现在 离 开 车 还 有 10 分钟，请 旅客们 抓紧 上 车，

qǐng sòng kè de gǎnkuài xià chē.
请 送 客的 赶快 下 车。

2.3 Shēngcí 生词 New Words

2.3-4

斑马线	bānmǎxiàn	*n.*	zebra crossing
保护	bǎohù	*v.*	protect, safeguard
必	bì	*adv.*	certainly, surely

飙车	biāochē	*v.*	drive wildly
不仅	bùjǐn	*conj.*	not only
车祸	chēhuò	*n.*	traffic accident
惩罚	chéngfá	*v.*	punish, penalize
闯祸	chuǎng huò	*v.*	cause trouble, bring disaster
道理	dàolǐ	*n.*	reason, principle
发	fā	*v.*	set out, depart
风景	fēngjǐng	*n.*	scenery, landscape, view
规则	guīzé	*n.*	rule, regulation
狠狠	hěnhěn	*adv.*	resolutely, firmly, ruthlessly
讲	jiǎng	*v.*	say, speak, tell, talk
教养	jiàoyǎng	*n.*	breeding, upbringing, education
教育	jiàoyù	*v.*	teach, educate
缆车	lǎnchē	*n.*	cable car
离	lí	*v.*	be away from
礼貌	lǐmào	*n.*	civility, courtesy, manners
列车	lièchē	*n.*	train
美差	měi chāi		nice job, nice mission
起码	qǐmǎ	*adj.*	elementary, minimum
汽车	qìchē	*n.*	automobile, auto
桥	qiáo	*n.*	bridge
青年	qīngnián	*n.*	young people, youth
缺乏	quēfá	*v.*	lack, be short of
生命	shēngmìng	*n.*	life

死	sǐ	*v.*	die
他人	tārén	*pron.*	other people
停靠	tíngkào	*v.*	stop, be parked
文明	wénmíng	*n.*	civilization
优美	yōuměi	*adj.*	beautiful, graceful, elegant
游	yóu	*v.*	travel, tour
站台	zhàntái	*n.*	platform
直	zhí	*adj.*	straight
抓紧	zhuā jǐn	*v.*	lose no time in doing sth.
撞	zhuàng	*v.*	bump against, knock down, hit, crash
自然	zìrán	*adj.*	certainly, naturally
尊重	zūnzhòng	*v.*	respect, esteem
遵守	zūnshǒu	*v.*	observe, comply with

● 专有名词 Proper Names

黄山	Huáng Shān	Huangshan Mountain
西湖	Xī Hú	West Lake

2.3 Yīngwén fānyì 英文翻译 English Version

Chant 3

My dad goes on business trips by plane, and my mum travels around by train.
My elder brother goes to work by subway, and I go to school by bike.
He tours the West Lake in a boat, and you take a cable car to go up Huangshan Mountain.
A cart will find its way around a hill when it comes to it, and a boat will turn itself straight and get through under the bridge once it comes to it. (Things will always sort themselves out.)

Conversation

A: Hey, Wang. I haven't seen you for a long time. Where have you been?

B: I was on a business trip.

A: Where did you go?

B: I went to Hangzhou.

A: It must have been a nice trip!

B: What do you mean?

A: Hangzhou is a good place with splendid sceneries. It makes a business trip sound like a vacation. Isn't that nice?

B: Yes. Just as the saying goes, "There is a paradise in heaven, and there are Suzhou and Hangzhou on earth".

A: But you have to be very careful as well.

B: What for?

A: It's said that when one is in Hangzhou, one is not really far away from the heaven.

B: What does that mean?

A: Haven't you heard about the car accidents that happened in Hangzhou?

B: You are talking about the accidents in which people were killed on the zebra crossing, right? It happened in many cities in recent years.

A: I was told all these accidents were caused by young people driving cars wildly.

B: These people are from rich families and drive good cars. But they lack good education and have no manners.

A: They really have none. They don't even know how to behave like a human being.

B: They should be seriously punished and educated.

A: Everyone should observe the traffic rules.

B: Yes. That not only protects our own safety but also shows our respect for others' lives.

Announcement in a railway station

Dear passengers, Train K104 from Shanghai to Beijing is now checking in. The train stops at Platform No. 1.

...

Now you have 10 minutes till the train departs. Please get on the train as soon as possible. Please leave the train immediately if you are not a passenger.

Lesson Four 第四课

Lǎojiā duō yuǎn 老家多远 How far is your hometown

2.4 Huìhuà 会话 Conversation

2.4-1

Hǎojiǔ bù jiàn, zuìjìn qù nǎr le?
A：好久不见，最近去哪儿了？

Gāng huíle yī tàng lǎojiā.
B：刚回了一趟老家。

Nǐ de jiāxiāng shì……?
A：你的家乡是……？

Wǒ de jiāxiāng zài Níngbō, wǒ hěn zǎo jiù lái zhèr dú shū le.
B：我的家乡在宁波，我很早就来这儿读书了。

Zhème shuō, zhèr kěyǐ shuō shì nǐ de dì èr gùxiāng le?
A：这么说，这儿可以说是你的第二故乡了？

Bùcuò. Wǒ gàobié jiāxiāng lái zhèr yǐjīng yǒu shí duō nián le.
B：不错。我告别家乡来这儿已经有十多年了。

Nǐ lǎojiā shì zài Níngbō shì li ma?
A：你老家是在宁波市里吗？

Bù shì. Zài jiāoqū de xiāngxia, lí shì zhōngxīn hěn yuǎn na.
B：不是。在郊区的乡下，离市中心很远哪。

Yǒu duōshao gōnglǐ?
A：有多少公里？

Dàyuē yǒu sānshí gōnglǐ.
B：大约有三十公里。

Nà zuò chángtú qìchē yīhuìr jiù dào le.
A：那坐长途汽车一会儿就到了。

Shì a, xiànzài de dàolù bǐ yǐqián hǎo duō le, yǒu hěn duō gāosù gōnglù.
B：是啊，现在的道路比以前好多了，有很多高速公路。

Xiànzài de jiāotōng fāzhǎn hěn kuài, gè zhǒng jiāotōng gōngjù yīng yǒu jìn yǒu.
A：现在的交通发展很快，各种交通工具应有尽有。

Gǎngkǒu、mǎtóu yǒu lúnchuán, gōnglù shang yǒu qìchē, tiělù shang yǒu huǒchē, jīchǎng hái yǒu fēijī.
B：港口、码头有轮船，公路上有汽车，铁路上有火车，机场还有飞机。

Bùguò, guò nián、guò jié de shíhou piào háishi hěn jǐnzhāng de.
A：不过，过年、过节的时候票还是很紧张的。

Xiànzài jiéjiàrì chū mén lǚyóu de rén yuèláiyuè duō le.
B：现在节假日出门旅游的人越来越多了。

Wàilái de dǎ gōng zhě yě zài guò nián de shíhou huí xiāng tàn qīn.
A：外来的打工者也在过年的时候回乡探亲。

Nánguài wǒmen měi cì wàichū zǒngshì juéde rén nàme duō, kànlái yǐhòu yào "cuò fēng" chūxíng le.
B：难怪我们每次外出总是觉得人那么多，看来以后要"错峰"出行了。

2.4 Shēngcí 生词 New Words 1

2.4-2

长途	chángtú	*adj.*	long-distance
出行	chūxíng	*v.*	go out, travel
错	cuò	*v.*	alternate, stagger, avoid
打工	dǎ gōng	*v.*	do a temporary job
大约	dàyuē	*adv.*	about, approximately
道路	dàolù	*n.*	road, way, path
发展	fāzhǎn	*v.*	develop, advance
峰	fēng	*n.*	peak, summit, apex
刚	gāng	*adv.*	just now, just, just a moment ago

港口	gǎngkǒu	*n.*	harbor, port
高速	gāosù	*adj.*	high-speed
告别	gàobié	*v.*	leave, part from, say goodbye to
工具	gōngjù	*n.*	tool, instrument, means
公里	gōnglǐ	*m.*	kilometer
公路	gōnglù	*n.*	highway, road
故乡	gùxiāng	*n.*	hometown, native place
过节	guò jié	*v.*	celebrate or spend a festival
过年	guò nián	*v.*	celebrate or spend the New Year
家乡	jiāxiāng	*n.*	hometown
郊区	jiāoqū	*n.*	suburbs, outskirts
节假日	jiéjiàrì	*n.*	festivals and holidays
老家	lǎojiā	*n.*	old home, native place
轮船	lúnchuán	*n.*	steamboat, steamship, ship
码头	mǎtóu	*n.*	wharf, dock, shipside
探亲	tàn qīn	*v.*	go home to visit one's family
趟	tàng	*m.*	*measure word for trips*
铁路	tiělù	*n.*	railroad, railway
外出	wàichū	*v.*	go out
外来	wàilái	*v.*	come from other places
乡下	xiāngxia	*n.*	countryside
应有尽有	yīng yǒu jìn yǒu		have everything that one expects to find

2.4 Kèwén 课文 Text

2.4-3

Gōnggòng qìchē nèi de guǎngbō
公共 汽车 内 的 广播 Announcement on a bus

Chéngkè nín hǎo, huānyín nín chéngzuò sìshí'èr lù kōngtiáo wú rén shòu piào chē, fāngxiàng Wàitān.
乘客 您 好，欢迎 您 乘坐 42 路空调 无人 售票 车，方向 外滩。

Guān mén qǐng dāngxīn, chēliàng qǐbù qǐng lāhǎo fúshǒu. Shàng chē qǐng zhǔdòng shuā kǎ, méi kǎ de chéngkè qǐng tóu bì.
关 门 请 当心，车辆 起步 请 拉好 扶手。上 车 请 主动 刷 卡，没 卡 的 乘客 请 投 币。

Shàng chē hòu qǐng pèihé wǎng lǐ zǒu, qǐng gěi xūyào bāngzhù de chéngkè ràng zuò. Xièxie!
上 车 后 请 配合 往 里 走，请 给 需要 帮助 的 乘客 让 座。谢谢！

Xià yī zhàn, Huáihǎilù zhàn, qǐng zhǔnbèi cóng hòumén xià chē.
下 一 站，淮海路 站，请 准备 从 后门 下 车。

……

Huáihǎilù zhàn dào le, qǐng pèihé cóng hòumén xià chē. Kāi mén qǐng dāngxīn!
淮海路 站 到 了，请 配合 从 后门 下 车。开 门 请 当心！

2.4 Shēngcí 生词 2 New Words

2.4-4

乘客	chéngkè	*n.*	passenger
乘坐/乘	chéngzuò/chéng	*v.*	ride (in a vehicle), take (a vehicle)
当心	dāngxīn	*v.*	look out, be careful
方向	fāngxiàng	*n.*	direction
扶手	fúshǒu	*n.*	handrail, armrest
后门	hòumén	*n.*	back door
卡	kǎ	*n.*	card
空调	kōngtiáo	*n.*	air conditioner
拉	lā	*v.*	pull, draw, lug
内	nèi	*n.*	inside
起步	qǐbù	*v.*	start to go, set off
让座	ràng zuò	*v.*	give up or offer one's seat (to)
售票	shòu piào		sell tickets
刷卡	shuā kǎ	*v.*	swipe a card
投币	tóu bì		put in coins
无	wú	*v.*	not have, there is not
主动	zhǔdòng	*adj.*	initiative

专有名词 Proper Name

外滩	Wàitān	The Bund (in Shanghai)

2.4 Yīngwén fānyì 英文翻译 English Version

Conversation

A：I haven't seen you for a long time. Where have you been?

B：I went back to my hometown.

A：Where is your hometown?

B：It is in Ningbo. I left there a long time ago to come here to study.

A：So, this place is like your second hometown, am I right?

B：Yes. I have been here for over 10 years.

A：Is your old home in Ningbo downtown?

B：No. It is in the countryside, very far from the downtown.

A：How many kilometers away?

B：About 30 kilometers.

A：It wouldn't take long if you take a long-distance bus.

B：You're right. Roads are much better than before. There are many highways.

A：The transportation is now developing very fast. All kinds of vehicles are available.

B：There are ships at harbors and docks, buses on roads, trains along railways and planes in airports.

A：Anyway, during the Chinese New Year and other festivals, it's still hard to get tickets.

B：Now, more and more people prefer to travel during holidays and festivals.

A：Migrant workers would go back to their hometowns to visit their families during the Chinese New Year as well.

B：No wonder there are so many people every time we go out. Next time, we should avoid the "travel rush".

Announcement on a bus

Dear passengers, welcome to No. 42 air-conditioned, self-service bus. The bus is bound for the Bund.

The door is closing; please be careful. The bus is starting; please take hold of the grab bars.

Please swipe your bus pass or put in coins once you get on the bus.

Then move inside. Please offer your seat to anyone in need. Thank you!

The next stop is Huaihai Road. Please get ready to get off the bus from the back door.

...

We are now arriving at Huaihai Road. Please get off the bus from the back door. Be careful as the door opens.

Lesson Five 第五课

Fùxí ("Rì xīn yuè yì" de chéngshì)

复习("日新月异"的城市) Review (An ever-changing city)

2.5 Huìhuà 会话 Conversation

2.5-1

Hǎojiǔ bù jiàn, zuìjìn zěnmeyàng?
A: 好久不见，最近怎么样？

Biétí le, dǎo méi tòu le. Shàng ge xīngqī wǒ yào qù Shǎnxīlù huì ge péngyou, jiéguǒ, zhǎole bàntiān yě méi zhǎozháo.
B: 别提了，倒霉透了。上个星期我要去陕西路会个朋友，结果，找了半天也没找着。

Shǎnxīlù wǒ cháng qù, hé Huáihǎilù xiāngjiāo, nàlǐ hěn rènao, guòqù shì Fǎ zūjiè.
A: 陕西路我常去，和淮海路相交，那里很热闹，过去是法租界。

Wǒ yě cháng qù a, kě zhè cì què mí lù le. Nàlǐ de jiànzhù kàn shàngqu tǐng mòshēng de.
B: 我也常去啊，可这次却迷路了。那里的建筑看上去挺陌生的。

Shànghǎi zuìjìn zhè shí nián fāzhǎn hěn kuài, biànhuà hěn dà. Yòng yī jù chéngyǔ, jiào "rì xīn yuè yì".
A: 上海最近这十年发展很快，变化很大。用一句成语，叫"日新月异"。

Zěnme jiǎng?
B: 怎么讲？

Jiù shì měi tiān dōu bù yīngyàng, měi ge yuè dōu fāshēng biànhuà.
A: 就是每天都不一样，每个月都发生变化。

Kě zhè biànhuà yě tài kuài le! Jǐshí céng de dà lóu, yī-liǎng ge xīngqī jiù néng jiànhǎo ma?
B: 可这变化也太快了！几十层的大楼，一两个星期就能建好吗？

Nǐ zhè shì shénme yìsi?
A：你这是 什么 意思？

Shàng ge yuè wǒ gāng qùguo nàlǐ, kě zhè cì qù què tūrán zēngjiāle liǎng zhuàng gāo lóu, wǒ zěnme yě rèn bu chūlái.
B：上 个月我 刚 去过 那里，可这次去却突然 增加了 两 幢 高楼，我 怎么 也认不 出来。

Zhè dàoshì yǒudiǎnr qíguài. Yào shuō tūrán shǎole liǎng zhuàng gāo lóu, dào yǒu kěnéng, chāi fángzi bǐ jiàn fángzi kuài.
A：这 倒是 有点儿 奇怪。要 说 突然 少了 两 幢 高楼，倒 有 可能， 拆 房子 比 建 房子 快。

Suǒyǐ, nà tiān wǒ zài nàlǐ zhuànle bàntiān, zhuàn de wǒ yūn tóu zhuàn xiàng.
B：所以，那 天 我 在 那里 转了 半天， 转 得 我 晕 头 转 向。

Dìzhǐ zhǔnquè ma?
A：地址 准确 吗？

Wǒ xiǎng bù huì yǒu cuò.
B：我 想 不会 有 错。

Ná chūlai wǒ kànkan.
A：拿 出来 我 看看。

Zhè jiù shì dìzhǐ.
B：这 就 是 地址。

Zhè dàodǐ shì Yīngwén háishi Hànyǔ pīnyīn a?
A：这 到底 是 英文 还是 汉语 拼音 啊？

Yīngwén hé Hànyǔ pīnyīn zài lù míng shang yǒu shénme chābié ma?
B：英文 和 汉语 拼音 在 路 名 上 有 什么 差别 吗？

Yǒushíhou shì yǒu chābié de. Ànzhào xiànzài shàngmian xiě de, rúguǒ shì Yīngwén dehuà, jiù bù shì Shǎnxīlù, ér shì Shānxīlù!
A：有时候 是 有 差别 的。按照 现在 上面 写 的，如果 是 英文 的话，就 不 是 陕西路，而 是 山西路！

Nà Yīngwén de Shǎnxīlù zěnme xiě?
B：那 英文 的 陕西路 怎么 写？

Yīnggāi yǒu liǎng ge "a". Nǐ wèi shénme bù xiě Hànzì ne? Xiěle Hànzì jiù bù huì
A：应该 有 两 个 "a"。你 为 什么 不 写 汉字 呢？写了 汉字 就 不会

gǎocuò le.
搞错 了。

Wǒ Hànzì méi hǎohāor xué, kànlái děi jiā yóu xué Hànzì le.
B：我 汉字 没 好好儿 学，看来 得 加 油 学 汉字 了。

2.5 Kèwén 课文 Text

2.5-2

Dìtiě nèi de guǎngbō 地铁 内 的 广播 Announcement on a subway train

Huānyíng chéngzuò guǐdào jiāotōng sān hào xiàn. Běn cì lièchē zhōngdiǎn
欢迎 乘坐 轨道 交通 3 号 线。本 次 列车 终点

zhàn Shànghǎi Huǒchēzhàn. Qǐng wèi xūyào bāngzhù de chéngkè ràng ge zuò.
站 上海 火车站。请 为 需要 帮助 的 乘客 让 个 座。

Xià yī zhàn, Yán'ānlù. Qǐng xūyào xià chē de chéngkè tíqián zuòhǎo
下 一 站，延安路。请 需要 下 车 的 乘客 提前 作好

zhǔnbèi, cóng lièchē yòumian chē mén xià chē.
准备，从 列车 右面 车 门 下 车。

……

Yán'ānlù zhàn dào le. Xūyào zhuǎnchéng sì hào xiàn de chéngkè, qǐng
延安路 站 到 了。需要 转乘 4 号 线 的 乘客，请

cóng zhèlǐ xià chē. Kāi mén qǐng dāngxīn, zhùyì jiǎo xià.
从 这里 下 车。开 门 请 当心，注意 脚 下。

2.5 Shēngcí 生词 New Words

2.5-3

按照	ànzhào	*prep.*	according to
别提	biétí	*v.*	stop mentioning sth.
差别	chābié	*n.*	difference
拆	chāi	*v.*	pull down, dismantle, remove
倒霉	dǎo méi	*adj.*	unlucky, out of luck
倒（是）	dào(shì)	*adv.*	*used for sth. unexpected*
……的话	……dehuà	*part.*	(*used at the end of a hypothetical clause*) if
地址	dìzhǐ	*n.*	address
搞错	gǎocuò		make a mistake
轨道	guǐdào	*n.*	railway, track
汉语拼音	Hànyǔ pīnyīn		*pinyin*, Chinese phonetic system
会	huì	*v.*	meet, see; will
加油	jiā yóu	*v.*	make an all-out effort
建	jiàn	*v.*	build, construct
建筑	jiànzhù	*n.*	building
结果	jiéguǒ	*conj.*	as a result
迷路	mí lù	*v.*	lose one's way
陌生	mòshēng	*adj.*	unfamiliar, strange
奇怪	qíguài	*adj.*	strange, surprising, odd
却	què	*adv.*	but, yet
热闹	rènao	*adj.*	bustling, lively, busy
提前	tíqián	*v.*	do (sth.) in advance or ahead of schedule (or time) .

透了	tòu le		fully, extremely
突然	tūrán	*adj.*	sudden, unexpected
相交	xiāngjiāo	*v.*	intersect, cross
晕头转向	yūn tóu zhuàn xiàng		be confused and don't know the right way and direction
增加	zēngjiā	*v.*	add, increase
终点	zhōngdiǎn	*n.*	end, terminal, destination
转乘	zhuǎnchéng	*v.*	transfer (to another bus, etc.)
幢	zhuàng	*m.*	*measure word for buildings*
准备	zhǔnbèi	*v.*	prepare, get ready
租界	zūjiè	*n.*	leased territory
作	zuò	*v.*	make, do
座	zuò	*n.*	seat, place

● **专有名词** Proper Names

山西路	Shānxīlù	Shanxi Road
陕西路	Shǎnxīlù	Shaanxi Road

2.5 Yīngwén fānyì 英文翻译 English Version

Conversation

A: I haven't seen you for a long time. How are you doing lately?

B: Forget it! I had bad luck. Last week I went to meet a friend on "Shǎnxī" Road but I didn't find the way.

A: I often go there. The road intersects with Huaihai Road. It's a busy place. It was the French Concession in the past.

B : I often go there, too. But I got lost this time. The buildings there looked unfamiliar.

A : Shanghai has been developing fast and changed a lot over the past ten years, just as the Chinese idiom says, "Rì xīn yuè yì".

B : What does that mean?

A : It means changes take place every day and every month.

B : But it has been changing too fast, hasn't it? Is it possible to build a building of several dozen floors in one or two weeks?

A : What do you mean?

B : There are two new buildings that I couldn't recognize. I went there only last month and didn't see them.

A : That's weird. It would make more sense if two buildings disappeared. Anyway it is faster to pull down buildings than to build them up.

B : So that day I walked and walked and lost my way there.

A : Did you have the correct address?

B : Yes, I think so.

A : Let me see it.

B : Here it is.

A : Is this English or Chinese *pinyin*?

B : Is there any difference between the two when it comes to names of roads?

A : Sometimes, yes. If it is English, it means "Shānxī" Road instead of "Shǎnxī" Road.

B : Then how do we write "Shǎnxī" Road in English?

A : It should have double "a". Why didn't you write in Chinese characters? You wouldn't have confused the two if you used Chinese characters.

B : I didn't learn Chinese characters well. It seems I should put more effort into them.

Announcement on a subway train

Welcome to Subway Line 3. Our destination is Shanghai Railway Station. Please offer your seat to anyone in need.

The next stop is Yan'an Road. Please get ready if you are getting off at the next stop. Please get off the train from the doors on the right side.

...

We are now arriving at Yan'an Road. Passengers for Line 4, please get off here. Watch your steps and be careful as the doors open.

2.5

Jiàoxué zhòngdiǎn

教学重点

- 词汇

与交通有关的词语

- 句型

1. 就+v.：通常表示时间早或用的时间短；
   才+v.：通常表示时间晚或用的时间长。
2. 结果补语：v.+v./adj./phrase，多表示动作的结果。

Lǚyóu

旅游

TRAVEL

3 UNIT 第三单元

Objectives

Upon successfully completing Unit 3, students will:

1. Vocabulary

★ have learned some words and expressions related to travel.

2. Grammar

★ have learned the complement of duration:

Eg. shuì bàn ge xiǎoshí 睡 半 个 小时	děng yīhuìr 等 一会儿
zhù sān tiān 住 三 天	fàng yī xīngqī jià 放 一 星期 假

★ have learned the special verbs in the left column:

Eg. Bāng (nǐ / le) máng 帮 (你/了) 忙	compared with	bāngzhù (nǐ) 帮助 (你)
bàn (yī jiàn / wán) shì 办 (一 件 / 完) 事	compared with	bànlǐ (dēngjīpái) 办理 (登机牌)
fàng (sān tiān) jià 放 (三 天) 假	compared with	xiūxi (sān tiān) 休息 (三 天)

Lesson One 第一课

Hǎibiān yī zuò shān
海边一座山 A mountain by the sea

3.1 Kèwén 课文 Text 1

3.1-1

Chant 1

Hǎibiān yī zuò shān, shān xià yī zuò chéng,
海边 一 座 山， 山 下 一 座 城，

chéng li yī tiáo jiē, jiē biān yī dòng lóu,
城 里 一 条 街，街 边 一 栋 楼，

lóu nèi yī shàn mén, mén li yī jiān wū,
楼 内 一 扇 门，门 里 一 间 屋，

wū li yī miàn qiáng, qiáng shang yī fú huà,
屋 里 一 面 墙， 墙 上 一 幅 画，

huà li yī shàn chuāng, chuāng wài yī tiáo hé,
画 里 一 扇 窗， 窗 外 一 条 河，

hé shang yī zuò qiáo, qiáo xià yī zhī chuán.
河 上 一 座 桥，桥 下 一 只 船。

(Chuán qián yī piàn hǎi……)
(船 前 一 片 海……)

3.1 Huìhuà 会话 Conversation

3.1-2

Qǐngwèn, shì Zhōngguó Dōngfāng Hángkōng Gōngsī shòupiàochù ma? Wǒ xiǎng dìng
A: 请问， 是 中国 东方 航空 公司 售票处 吗？我 想 订

yī zhāng jīpiào.
一 张 机票。

Shì de. Qǐngwèn, nín qù nǎlǐ?
B：是 的。请问， 您 去 哪里？

Wǒ dǎsuan qù Yīngguó Lúndūn.
A：我 打算 去 英国 伦敦。

Nín shì yào dānchéng de háishi yào wǎngfǎn de?
B：您 是 要 单程 的还是要 往返 的？

Wǒ yào wǎngfǎn de, qīyuè shíwǔ hào zǒu, èrshíbā hào huílai.
A：我 要 往返 的，7月 15 号 走， 28 号 回来。

Nín kàn, zhèr yǒu sān ge hángbān kěyǐ xuǎnzé, jiàgé yě lüè yǒu bù tóng.
B：您 看，这儿有 三 个 航班 可以 选择，价格 也 略 有 不 同。

Wǒ jiù yào zhè dì èr ge hángbān ba.
A：我 就 要 这 第 二 个 航班 吧。

Hǎo de. Qǐng bǎ nín de míngzi hé hùzhào hàomǎ gàosu wǒ.
B：好 的。请 把 您 的 名字 和 护照 号码 告诉 我。

Wǒ jiào Lǐ Dōngshān, hùzhào hàomǎ shì A yāo líng jiǔ sān bā bā yāo liù bā.
A：我 叫 李 东山， 护照 号码 是 A109388168。

Hǎo de. Wǒ zài héduì yī biàn: nín de quán míng shì Lǐ Dōngshān, hùzhào hàomǎ shì
B：好 的。我 再 核对 一 遍：您 的 全 名 是 李 东山， 护照 号码 是

A yāo líng jiǔ sān bā bā yāo liù bā.
A109388168。

Duì.
A：对。

Wǒmen huì zài míngtiān xiàwǔ bǎ jīpiào sònglai, nín de dìzhǐ shì……?
B：我们 会 在 明天 下午 把 机票 送来，您 的 地址 是……？

Huáihǎi Xī lù sān liù bā lòng èr hào, bā líng yāo shì.
A：淮海 西路 368 弄 2 号， 801 室。

Hǎo de. Xièxie!
B：好 的。谢谢！

3.1 Kèwén 课文 Text 2

3.1-3

Jīchǎng hòujītīng de guǎngbō
机场 候机厅 的 广播 Announcement in the departure hall of an airport

Zūnjìng de lǚkèmen:
尊敬 的 旅客们：

Cóng Shànghǎi fēi wǎng Lúndūn de MU wǔ wǔ yāo hángbān xiànzài kāishǐ
从 上海 飞 往 伦敦 的 MU551 航班 现在 开始

dēng jī, dēngjīkǒu zài sān shí liù hào mén.
登 机，登机口 在 36 号 门。

3.1 Shēngcí 生词 New Words

3.1-4

边	biān	*n.*	side
城	chéng	*n.*	city, town
窗（户）	chuāng(hu)	*n.*	window
订	dìng	*v.*	book (a seat, ticket, etc.)
栋	dòng	*m.*	*measure word for buildings*
幅	fú	*m.*	*measure word for pictures*
告诉	gàosu	*v.*	tell, let know
公司	gōngsī	*n.*	company, firm
海	hǎi	*n.*	sea
海边	hǎibiān	*n.*	seaside
核对	héduì	*v.*	check, collate, examine

护照	hùzhào	*n.*	passport
价格	jiàgé	*n.*	price
间	jiān	*m.*	*measure word for rooms*
街	jiē	*n.*	street
弄	lòng	*n.*	lane, alley
略	lüè	*adv.*	a little, slightly
面	miàn	*m.*	*measure word for flat things like walls, flags and mirrors*
全名	quán míng		full name
扇	shàn	*m.*	*measure word for windows and doors*
室	shì	*n.*	room
售票处	shòupiàochù	*n.*	ticket office, box office
外	wài	*n.*	outside
屋	wū	*n.*	house, room
张	zhāng	*m.*	*measure word for paper, paintings, tickets, etc.*
尊敬	zūnjìng	*adj.*	respected, distinguished

3.1 Yīngwén fānyì 英文翻译 English Version

Chant 1

There is a mountain by the sea. Near the mountain there is a city.
In the city there is a street. On a side of the street there is a building.
In the building there is a door. Behind the door there is a room.
In the room there is a wall. On the wall there is a painting.
In the painting there is a window. Outside the window there is a river.
A bridge is over the river and a boat is under the bridge.
(The boat's facing the sea…)

Conversation

A: Excuse me, is this the ticket office of China Eastern Airlines? I'd like to book a ticket.

B: Yes. Where are you going?

A: I am going to London.

B: One way or round trip?

A: Round trip, please. I'll leave on July 15th and come back on July 28th.

B: You can choose from these three flights. Their prices are slightly different.

A: Thank you. I'll take the second one.

B: All right. Please tell me your name and passport number.

A: My name is Li Dongshan, and my passport number is A109388168.

B: OK, let me check. Your full name is Li Dongshan, and your passport number is A109388168.

A: That's right.

B: We will send the ticket to you tomorrow afternoon. So what is your address?

A: Room 801, No. 2, Lane 368, West Huaihai Road.

B: OK, thank you!

Announcement in the departure hall of an airport

Dear passengers,

Flight MU551 from Shanghai to London is now boarding. Please board at Gate 36.

Lesson Two 第二课

Tiānkōng hé dàdì
天空和大地 The sky and the earth

3.2 Kèwén 课文 Text 1

3.2-1

Chant 2

Nà shì tiānkōng, nà shì tiān. Tàiyang、yuèliang zài tiān shang.
那是天空，那是天。太阳、月亮在天上。

Báitiān tiān shang yǒu tàiyang, wǎnshang tiān shang yǒu yuèliang.
白天天上有太阳，晚上天上有月亮。

Zhè shì dàdì, zhè shì dì. Dì shang yǒu hé yě yǒu shān, dì shang yǒu tián hái yǒu shù.
这是大地，这是地。地上有河也有山，地上有田还有树。

Shān shang yǒu shí yě yǒu tǔ,
山上有石也有土，

shān shang yǒu shù hái yǒu cǎo.
山上有树还有草。

Hé li yǒu shuǐ yě yǒu yú,
河里有水也有鱼，

shù shang yǒu huā hái yǒu niǎo.
树上有花还有鸟。

3.2 Shēngcí 生词 New Words 1

3.2-2

大地	dàdì	*n.*	earth, land

地	dì	*n.*	earth, land, ground
石	shí	*n.*	stone, rock
树	shù	*n.*	tree
天空	tiānkōng	*n.*	sky, heaven
田	tián	*n.*	field, farmland
土	tǔ	*n.*	earth, soil, dust
月亮	yuèliang	*n.*	moon

3.2 Kèwén 课文 Text 2

3.2-3

Jīcāng nèi de guǎngbō
机舱内的广播（1） Announcement on an airplane (1)

Huānyíngcí
欢迎辞

Nǚshìmen、xiānshengmen:
女士们、先生们：

Huānyíng nín chéngzuò Zhōngguó Dōngfāng Hángkōng Gōngsī MU wǔ wǔ yāo
欢迎您乘坐中国东方航空公司MU551

hángbān, yóu Shànghǎi qiánwǎng Lúndūn.
航班，由上海前往伦敦。

Yóu Shànghǎi zhì Lúndūn de fēixíng jùlí shì jiǔqiānyībǎijiǔshíliù gōnglǐ,
由上海至伦敦的飞行距离是 9196 公里，

yùjì kōngzhōng fēixíng shíjiān shì shísān xiǎoshí shí fēn. Fēixíng gāodù yuē yīwàn
预计空中飞行时间是 13 小时 10 分。飞行高度约一万

mǐ, fēixíng sùdù píngjūn měi xiǎoshí qībǎi gōnglǐ.
米，飞行速度平均每小时 700 公里。

Wèile bǎozhàng fēijī dǎoháng jí tōngxìn xìtǒng de zhèngcháng gōngzuò, zài
为了 保障 飞机 导航 及 通信 系统 的 正常 工作，在

fēijī qǐfēi hé jiàngluò guòchéng zhōng, qǐng bù yào shǐyòng shǒutíshì diànnǎo,
飞机 起飞 和 降落 过程 中，请 不 要 使用 手提式 电脑，

zài zhěnggè hángchéng zhōng, qǐng bù yào shǐyòng shǒujī、yáokòng wánjù、
在 整个 航程 中，请 不 要 使用 手机、遥控 玩具、

diànzǐ yóuxì jī、jīguāng chàngjī hé diànzǐ yīnpín jiēshōu jī děng diànzǐ shèbèi.
电子 游戏 机、激光 唱机 和 电子 音频 接收 机 等 电子 设备。

Fēijī hěn kuài jiù yào qǐfēi le, xiànzài yóu kècāng chéngwùyuán jìnxíng
飞机 很 快 就 要 起飞 了，现在 由 客舱 乘务员 进行

ānquán jiǎnchá. Qǐng nín zài zuòwèi shang zuòhǎo, jìhǎo ānquándài, shōuqǐ zuòyǐ
安全 检查。请 您 在 座位 上 坐好，系好 安全带，收起 座椅

kàobèi hé xiǎo zhuō bǎn. Qǐng nín quèrèn nín de shǒutí wùpǐn shìfǒu tuǒshàn ānfàng
靠背 和 小 桌 板。请 您 确认 您 的 手提 物品 是否 妥善 安放

zài tóudǐng shàngfāng de xínglijià nèi huò zuòyǐ xiàfāng.
在 头顶 上方 的 行李架 内 或 座椅 下方。

Běn cì hángbān quánchéng jìn yān, zài fēixíng túzhōng qǐng bù yào xī yān.
本 次 航班 全程 禁烟，在 飞行 途中 请 不 要 吸 烟。

Běn cì hángbān de chéngwùzhǎng jiāng xiétóng jī shang bā míng chéngwùyuán
本 次 航班 的 乘务长 将 协同 机 上 8 名 乘务员

jiéchéng wèi nín tígōng jíshí、zhōudào de fúwù. Xièxie!
竭诚 为 您 提供 及时、周到 的 服务。谢谢！

3.2 Shēngcí 生词 2 New Words

3.2-4

安放	ānfàng	*v.*	lay, place, put in a certain place
板	bǎn	*n.*	board, plank
保障	bǎozhàng	*v.*	ensure, guarantee, safeguard

唱机	chàngjī	*n.*	phonograph, gramophone
乘务员	chéngwùyuán	*n.*	steward/stewardess, attendant on a train or plane
导航	dǎoháng	*v.*	navigate, pilot
电子	diànzǐ	*n.*	electron
飞行	fēixíng	*v.*	fly
过程	guòchéng	*n.*	course, process
航程	hángchéng	*n.*	voyage, distance traveled
机舱	jīcāng	*n.*	passenger compartment, cabin
激光	jīguāng	*n.*	laser
及	jí	*conj.*	and
及时	jíshí	*adj.*	timely, in time
架	jià	*n.*	frame, rack, shelf
接收	jiēshōu	*v.*	receive, accept
竭诚	jiéchéng	*adv.*	whole-heartedly, with all one's heart
进行	jìnxíng	*v.*	carry on, carry out, conduct
禁烟	jìn yān		forbid smoking
距离	jùlí	*n.*	distance
靠背	kàobèi	*n.*	back (of a chair)
客舱	kècāng	*n.*	cabin
米	mǐ	*m.*	meter
女士	nǚshì	*n.*	lady, madam
平均	píngjūn	*v.*	average

全程	quánchéng	*n.*	entire journey
确认	quèrèn	*v.*	affirm, acknowledge, confirm
（上）方	(shàng)fāng	*n.*	(upward) direction, (upward) side
设备	shèbèi	*n.*	equipment, facility
使用	shǐyòng	*v.*	use, make use of
是否	shìfǒu	*adv.*	if, whether, whether or not
收起	shōuqǐ	*v.*	pack up, pick up
手提（式）	shǒutí(shì)	*adj.*	portable (style)
提供	tígōng	*v.*	provide, offer
通信	tōngxìn	*v.*	communicate, correspond
头顶	tóudǐng	*n.*	top of one's head
途中	túzhōng	*n.*	on the way
妥善	tuǒshàn	*adj.*	appropriate, proper, well arranged
万	wàn	*num.*	ten thousand
物品	wùpǐn	*n.*	article, goods
吸烟	xī yān		smoke (cigarettes)
系统	xìtǒng	*n.*	system
协同	xiétóng	*v.*	work jointly, cooperate
遥控	yáokòng	*v.*	telecontrol, distant control
音频	yīnpín	*n.*	audio frequency
由	yóu	*prep.*	(starting) from; to or for (sb.), by (sb.)
游戏	yóuxì	*n.*	game, pastime
预计	yùjì	*v.*	forecast, predict, estimate

约	yuē	*adv.*	about, approximately
整个	zhěnggè	*adj.*	entire, whole, total
正常	zhèngcháng	*adj.*	regular, normal, usual
至	zhì	*v.*	to, until
周到	zhōudào	*adj.*	attentive and satisfactory, thoughtful
座位	zuòwèi	*n.*	seat
座椅	zuòyǐ	*n.*	chair

3.2 Yīngwén fānyì
英文翻译
English Version

Chant 2

Sky. That is the sky. The sun and the moon are in the sky.

We see the sun in the daytime and the moon at night.

Earth. This is the earth. There are rivers and mountains on the earth, as well as farmlands and trees.

There are stones and soil on the mountains, as well as trees and grass.

There is water and fish in the rivers. There are flowers and birds on the trees.

Announcement on an airplane (1)

Welcome speech

Good morning/afternoon/evening, ladies and gentlemen!

Welcome aboard China Eastern Airlines Flight MU551 from Shanghai to London.

The distance is 9,196 kilometers. The flight will take 13 hours and 10 minutes. The plane will fly at an altitude of 10,000 meters and its average speed will be 700 kilometers per hour.

In order to ensure the normal operation of the navigation and communication systems, electronic devices like cell phones, remote control toys, video game consoles, CD players and electronic audio receivers should remain turned off throughout the flight and laptops should not be used during take-off and landing.

Our plane will take off soon. Now our crew members will make a safety check. Please remain seated, fasten your seat belt, and make sure your seatback and tray table are in the upright and locked positions and your carry-on items are properly stowed in the overhead compartment or under the seat.

This is a non-smoking flight; please do not smoke on board.

The purser and all the eight crew members will be sincerely at your service. We hope you enjoy the flight! Thank you!

Lesson Three 第三课

Gǎn fēijī
赶飞机 Catching a flight

3.3 Kèwén 课文 Text 1

3.3-1

Chant 3

Tiān shang de xīngxing liàngjīngjīng, wānwān de yuèliang guà shùshāo.
天 上 的 星星 亮晶晶， 弯弯 的 月亮 挂 树梢。

Yuèliang duì wǒ wēiwēi xiào, shuō shēng zàijiàn wǒ yào shuì jiào.
月亮 对 我 微微 笑， 说 声 再见 我 要 睡 觉。

3.3 Huìhuà 会话 Conversation

3.3-2

Fúwùyuán, qǐng nín míngtiān zǎoshang wǔ diǎnzhōng jiàoxǐng wǒ, wǒ yào gǎn fēijī.
A：服务员， 请 您 明天 早上 5 点钟 叫醒 我，我 要 赶飞机。

Nín zuò jǐ diǎn de fēijī?
B：您 坐 几 点 的飞机？

Bā diǎn de fēijī.
A：8 点 的 飞机。

Shì guójì hángbān háishi guónèi hángbān?
B：是 国际 航班 还是 国内 航班？

Shì guónèi hángbān.
A：是 国内 航班。

Nín kěyǐ zài duō shuì bàn ge xiǎoshí,
B：您 可以 再 多 睡 半 个 小时，

wǒ wǔ diǎn bàn jiào nín.
我 5 点 半 叫 您。

Pà láibují ba.
A：怕来不及吧。

Láidejí. Wǒmen bīnguǎn yǒu bānchē，kěyǐ sòng nín qù jīchǎng，zhǐ yào shíwǔ fēnzhōng.
B：来得及。我们 宾馆 有 班车，可以 送 您 去 机场，只 要 15 分钟。

Zhè dàoshì hěn fāngbiàn，dànshì ānjiǎn yě tǐng fèi shíjiān de.
A：这 倒是 很 方便， 但是 安检 也 挺 费 时间 的。

Bùyòng dān xīn，guónèi hángbān bù guò hǎiguān，ānquán jiǎnchá bǐjiào kuài.
B：不用 担 心，国内 航班 不 过 海关， 安全 检查 比较 快。

Zhèyàng wǒ jiù fàng xīn le.
A：这样 我 就 放 心 了。

3.3 Shēngcí 生词 New Words 1

3.3-3

安检	ānjiǎn	*v.*	security check
班车	bānchē	*n.*	regular bus, shuttle bus
费	fèi	*v.*	cost, spend
国际	guójì	*adj.*	international
国内	guónèi	*adj.*	domestic
叫醒	jiàoxǐng		wake (sb.) up
亮晶晶	liàngjīngjīng	*adj.*	glittering, shining
树梢	shùshāo	*n.*	tip of a tree, treetop
微微	wēiwēi	*adv.*	slightly, faintly
星星	xīngxing	*n.*	star

Kèwén
课文 2
Text

3.3-4

Jīcāng nèi de guǎngbō
机舱内的广播（2） Announcement on an airplane (2)

Qǐfēi hòu de guǎngbō
起飞后的 广播

Nǚshìmen、xiānshengmen:
女士们、 先生们：

Wǒmen de fēijī yǐjīng líkāi Shànghǎi，qiánwǎng Lúndūn.
我们 的飞机 已经 离开 上海，　前往　伦敦。

Zài zhè duàn lǚtú zhōng，wǒmen wèi nín zhǔnbèile wǔcān. Gōng cān shí wǒmen jiāng guǎngbō tōngzhī nín.
在 这段旅途 中，　我们 为 您 准备了 午餐。供 餐 时 我们 将　广播　通知 您。

Xiàmian jiāng xiàng nín jièshào kècāng shèbèi de shǐyòng fāngfǎ:
下面　将　向　您 介绍　客舱　设备 的 使用　方法：

Jīntiān nín chéngzuò de shì bōyīn qī bā qī xíng fēijī. Nín de zuòyǐ kàobèi kěyǐ tiáojié，tiáojié shí qǐng àn zuòyǐ fúshǒu shang de ànniǔ.
今天　您　乘坐　的是 波音 787　型 飞机。您 的座椅 靠背 可以 调节，调节 时 请 按 座椅 扶手　上　的 按钮。

Zài nín qiánfāng zuòyǐ kàobèi de kǒudài li yǒu qīngjié dài，gōng nín rēng záwù shí shǐyòng.
在 您　前方 座椅 靠背 的 口袋 里 有　清洁 袋，供　您　扔 杂物 时　使用。

Zài nín zuòyǐ de shàngfāng bèiyǒu yuèdú dēng kāiguān hé hūjiào ànniǔ. Rúguǒ nín xūyào chéngwùyuán de bāngzhù，qǐng àn hūjiào ànniǔ.
在 您 座椅的　上方　备有 阅读 灯　开关　和 呼叫 按钮。如果 您 需要　乘务员　的 帮助，　请 按 呼叫 按钮。

Zài nín zuòwèi shàngfāng hái yǒu kōngqì tiáojié shèbèi，nín rúguǒ xūyào
在 您 座位　上方　还 有　空气 调节 设备，您 如果 需要

bǔchōng xīnxiān kōngqì, qǐng zhuàndòng tōngfēngkǒu jìnxíng tiáojié.
补充 新鲜 空气，请 转动 通风口 进行 调节。

Xǐshǒujiān zài fēijī de qiánbù hé hòubù, zài xǐshǒujiān nèi qǐng bù yào xī yān.
洗手间 在飞机的前部 和后部，在 洗手间 内 请 不要 吸烟。

3.3 Shēngcí 生词 2 New Words

3.3-5

按	àn	*v.*	press, push down
按钮	ànniǔ	*n.*	push button
备有	bèiyǒu	*v.*	have in stock, be available
补充	bǔchōng	*v.*	replenish, supplement, add
段	duàn	*m.*	*used to indicate time or distance*
供	gōng	*v.*	supply; for (the use or convenience of)
呼叫	hūjiào	*v.*	call, shout, call out
开关	kāiguān	*n.*	switch
口袋	kǒudài	*n.*	pocket
离开	líkāi	*v.*	leave, depart
旅途	lǚtú	*n.*	trip, journey
（前）部	(qián)bù	*n.*	(front) part
清洁袋	qīngjié dài		vomit (or sick) bag
扔	rēng	*v.*	throw
调节	tiáojié	*v.*	regulate, adjust
通风口	tōngfēngkǒu	*n.*	air vent
通知	tōngzhī	*v.*	notify, inform

洗手间	xǐshǒujiān	*n.*	restroom, toilet
新鲜	xīnxiān	*adj.*	fresh
型	xíng	*n.*	model, type, pattern
阅读	yuèdú	*v.*	read
杂物	záwù	*n.*	sundries
转动	zhuàndòng	*v.*	turn, revolve, rotate, spin

3.3 Kèwén 课文 Text 3

3.3-6

Jīcāng nèi de guǎngbō
机舱 内 的 广播（3） Announcement on an airplane (3)

Cān qián guǎngbō
餐 前 广播

Nǚshìmen、xiānshengmen:
女士们、 先生们：

Wǒmen jiāng wèi nín tígōng cānshí、cháshuǐ、kāfēi hé yǐnliào, huānyíng
我们 将 为 您 提供 餐食、茶水、咖啡 和 饮料， 欢迎

nín xuǎnyòng.
您 选用。

Xūyào yòngcān de lǚkè, qǐng nín jiāng xiǎo zhuō bǎn fàngxià.
需要 用餐 的 旅客，请 您 将 小 桌 板 放下。

Wèile fāngbiàn qítā lǚkè yòngcān, zài gōng cān qījiān, qǐng nín jiāng zuòyǐ
为了 方便 其他 旅客 用餐，在 供 餐 期间，请 您 将 座椅

kàobèi tiáozhěng dào zhèngcháng wèizhì. Xièxie!
靠背 调整 到 正常 位置。谢谢！

Yìjiàn kǎ
意见卡 Suggestion card

Nǚshìmen、xiānshengmen:
女士们、先生们：

Huānyíng nín chéngzuò Zhōngguó Dōngfāng Hángkōng Gōngsī hángbān.
欢迎您乘坐中国东方航空公司航班。

Wèile bāngzhù wǒmen bùduàn tígāo fúwù zhìliàng, jìng qǐng liúxià bǎoguì yìjiàn.
为了帮助我们不断提高服务质量，敬请留下宝贵意见。

Xièxie nín de guānxīn hé zhīchí!
谢谢您的关心和支持！

3.3 Shēngcí
生词 New Words 3

3.3-7

宝贵	bǎoguì	*adj.*	valuable, precious
不断	bùduàn	*adv.*	continuously, unceasingly
餐食	cānshí	*n.*	meal, food
茶水	cháshuǐ	*n.*	tea
将	jiāng	*adv./prep.*	will, be about to; *used to introduce the object before a verb*
敬请	jìng qǐng		(*respectfully*) please
留下	liúxià	*v.*	leave, leave behind
期间	qījiān	*n.*	period, course
调整	tiáozhěng	*v.*	adjust, readjust, regulate
位置	wèizhì	*n.*	position, location, place
意见	yìjiàn	*n.*	idea, opinion, view, suggestion
用餐	yòngcān	*v.*	have a meal

支持	zhīchí	*v.*	support
质量	zhìliàng	*n.*	quality

3.3 Yīngwén fānyì 英文翻译 English Version

Chant 3

Stars are shining in the sky, while the crescent moon is hanging on the tree.
The moon smiles to me and I say goodnight as it's time to sleep.

Conversation

A: Excuse me, could you wake me up at five o'clock tomorrow morning? I have a flight to catch.

B: When does your flight leave?

A: At 8 a.m.

B: Is it an international flight or a domestic one?

A: A domestic one.

B: You can sleep half an hour longer. I will wake you up at half past five.

A: I am afraid it will be too late.

B: It won't. You can go to the airport by our hotel shuttle bus. It will take only 15 minutes.

A: That's quite convenient. But it takes time to go through the security check.

B: Don't worry about that. Passengers of domestic flights don't go through customs and it will be fast to pass the security check.

A: Then I can rest assured. Thank you.

Announcement on an airplane (2)

Announcement after take-off

Ladies and gentlemen,

We have left Shanghai for London.

Lunch will be served during the trip. We will inform you before we serve it.

Now let me introduce how to use the cabin facilities:

This is a Boeing 787 aircraft. The back of your seat can be adjusted by pressing the button on the armrest.

The vomit bag in the pocket on the back of the seat in front of you is for you to put garbage in. The call button and reading light are above your head. If you need any help, press the call button to summon a flight attendant.

There is also a ventilator above your head. Turn the airflow knob in case you need more fresh air.

Lavatories are located in the front and at the back of the cabin. Please do not smoke in the lavatories.

Announcement on an airplane (3)

Announcement before a meal

Ladies and gentlemen,

We will be serving food with tea, coffee and other drinks. Choose what you like.

Please put down the tray table in front of you.

For the convenience of other passengers, please adjust your seat back to the upright position during the meal. Thank you!

Suggestion card

Ladies and gentlemen,

Welcome aboard China Eastern Airlines. Comments and suggestions from you will be highly valued in order to improve our service. Thanks for your concern and support!

Lesson Four 第四课

Qù gāoyuán lǚyóu
去高原旅游 A trip to the highland

3.4 Huìhuà 会话 Conversation

3.4-1

Zuìjìn wǒ qùle yī tàng Xīzàng.
A：最近我去了一趟西藏。

Xīzàng duì wǒ lái shuō shì ge shénmì de dìfang. Wǒ yīzhí xiǎng qù, jiù shì bù gǎn.
B：西藏对我来说是个神秘的地方。我一直想去，就是不敢。

Wèi shénme?
A：为什么？

Wǒ pà gāoyuán fǎnyìng, wǒ shòu bu liǎo.
B：我怕高原反应，我受不了。

Nǐ kěyǐ xiān qù Yúnnán shìshi, nàlǐ yǒuxiē dìfang hǎibá yě tǐng gāo de.
A：你可以先去云南试试，那里有些地方海拔也挺高的。

Yúnnán wǒ qùguo, páshàngle Yùlóng Shān, xīnzàng juéde chībuxiāo.
B：云南我去过，爬上了玉龙山，心脏觉得吃不消。

Hái yǒu qítā fǎnyìng méiyǒu?
A：还有其他反应没有？

Hái ǒutù le.
B：还呕吐了。

Rúguǒ zhèyàng, nà shì yào xiǎoxīn diǎnr.
A：如果这样，那是要小心点儿。

Kànlái, zhè bèizi shì qù bu chéng le.
B：看来，这辈子是去不成了。

Yě bùjiàndé.
A：也不见得。

Zěnme jiǎng?
B：怎么讲？

Shǒuxiān, nǐ bù yào zuò fēijī qù, tèbié shì cóng Qīnghǎi dào Xīzàng, kěyǐ zuò huǒchē.
A：首先，你不要坐飞机去，特别是从青海到西藏，可以坐火车。

Zhè yǒu guānxi ma?
B：这 有 关系 吗？

Dāngrán yǒu guānxi! Qīnghǎi de hǎibá bù gāo，dào Xīzàng shì zhújiàn shēnggāo de.
A：当然 有 关系！青海 的 海拔 不 高，到 西藏 是 逐渐 升高 的。

Nǐ de yìsi shì zuò huǒchē cóng Qīnghǎi
B：你 的 意思 是 坐 火车 从 青海

dào Xīzàng kěyǐ mànmàn shìyìng.
到 西藏 可以 慢慢 适应。

Shì a，rúguǒ nǐ zuò fēijī，yī xià fēijī
A：是 啊，如果 你 坐 飞机，一 下 飞机

jiù shòu bu liǎo la.
就 受 不 了 啦。

Zuò huǒchē hái kěyǐ yīlù shang kàn fēngjǐng ne.
B：坐 火车 还 可以 一路 上 看 风景 呢。

Shì de. Zuò fēijī nǐ jiù kàn bu jiàn Kěkěxīlǐ cǎoyuán shang de zànglíngyáng la.
A：是 的。坐 飞机 你 就 看 不 见 可可西里 草原 上 的 藏羚羊 啦。

Zhèyàng kànlái，háishi kěyǐ shìshi.
B：这样 看来，还是 可以 试试。

Bùguò，yào zuòhǎo chōngfèn de zhǔnbèi.
A：不过，要 作好 充分 的 准备。

Shénme zhǔnbèi?
B：什么 准备？

Qù zhīqián yào bǎoyǎng shēntǐ，jiāqiáng duànliàn，yóuqí bù néng gǎnmào.
A：去 之前 要 保养 身体，加强 锻炼，尤其 不 能 感冒。

Zhè gēn gǎnmào yǒu shénme guānxi?
B：这 跟 感冒 有 什么 关系？

Guānxi dà la! Zài gāo hǎibá dìqū，gǎnmàole yào sǐ rén de.
A：关系 大啦！在 高 海拔 地区，感冒了 要 死 人 的。

Zhème yánzhòng?!
B：这么 严重？！

Kě bié xiǎokàn o.
A：可 别 小看 哦。

3.4 Shēngcí 生词 New Words 1

3.4-2

保养	bǎoyǎng	*v.*	take good care of (one's health), maintain
不见得	bùjiàndé	*adv.*	not necessarily, may not
吃不消	chībuxiāo	*v.*	be unable to bear or stand
充分	chōngfèn	*adj.*	full, abundant, ample
对……来说	duì……lái shuō		for, to, as far as...is concerned
反应	fǎnyìng	*n.*	reaction, response
敢	gǎn	*v.*	dare
高原	gāoyuán	*n.*	plateau, highland, tableland
跟	gēn	*prep.*	(*introducing the recipient of an action*) with, to, from
关系	guānxi	*n.*	relationship, connection
海拔	hǎibá	*n.*	altitude, elevation, height above sea level
加强	jiāqiáng	*v.*	reinforce, strengthen
呕吐	ǒutù	*v.*	vomit
神秘	shénmì	*adj.*	mysterious, mystical
适应	shìyìng	*v.*	suit, fit, adapt
首先	shǒuxiān	*adv.*	first of all, in the first place
受不了	shòu bu liǎo		cannot bear or stand
小看	xiǎokàn	*v.*	downgrade, underrate, belittle
心脏	xīnzàng	*n.*	heart
严重	yánzhòng	*adj.*	serious, grave
一路上	yīlù shang		all the way, throughout the journey

尤其	yóuqí	*adv.*	especially, particularly
藏羚羊	zànglíngyáng	*n.*	Tibetan antelope
这辈子	zhè bèizi		whole lifetime, all one's life
之前	zhīqián	*n.*	before, prior to
逐渐	zhújiàn	*adv.*	gradually, by degrees

● **专有名词** Proper Names

可可西里	Kěkěxīlǐ	Kekexili, an isolated region in the northwestern part of the Qinghai-Tibet Plateau in China
青海	Qīnghǎi	Qinghai Province of China
西藏	Xīzàng	Tibet Autonomous Region of China

3.4 Kèwén 课文 Text

3.4-3

Jīcāng nèi de guǎngbō

机舱 内 的 广播（4） Announcement on an airplane (4)

Yùjì dàodá shíjiān guǎngbō
预计 到达 时间 广播

Nǚshìmen、xiānshengmen:
女士们、 先生们：

Běn cì hángbān yùjì zài shíwǔ fēnzhōng hòu dàodá Lúndūn Xīsīluó jīchǎng.
本 次 航班 预计 在 15 分钟 后 到达 伦敦 希斯罗 机场。

Xiànzài dìmiàn wēndù shì shíbā shèshìdù. Xièxie!
现在 地面 温度 是 18 摄氏度。谢谢！

Xiàjiàng shí ānquán jiǎnchá guǎngbō
下降 时 安全 检查 广播

Nǚshìmen、xiānshengmen:
女士们、 先生们:

Fēijī zhèngzài xiàjiàng. Qǐng nín huí zìjǐ de zuòwèi zuòhǎo, jìhǎo
飞机 正在 下降。请 您 回 自己 的 座位 坐好, 系好

ānquándài, shōuqǐ xiǎo zhuō bǎn, jiāng zuòyǐ kàobèi tiáozhěng dào zhèngcháng
安全带, 收起 小 桌 板, 将 座椅 靠背 调整 到 正常

wèizhì. Suǒyǒu gèrén diànnǎo jí diànzǐ shèbèi bìxū chǔyú guānbì zhuàngtài.
位置。所有 个人 电脑 及 电子 设备 必须 处于 关闭 状态。

Qǐng nín quèrèn nín de shǒutí wùpǐn shìfǒu yǐ tuǒshàn ānfàng. Shāohòu,
请 您 确认 您 的 手提 物品 是否 已 妥善 安放。稍后,

wǒmen jiāng tiáo'àn kècāng dēngguāng. Xièxie!
我们 将 调暗 客舱 灯光。谢谢!

Dàodá zhōngdiǎn zhàn de guǎngbō
到达 终点 站 的 广播

Nǚshìmen、xiānshengmen:
女士们、 先生们:

Fēijī yǐjīng jiàngluò zài Xīsīluó jīchǎng. Jīcāng wài wēndù shíbā shèshìdù.
飞机 已经 降落 在 希斯罗 机场。机舱 外 温度 18 摄氏度。

Fēijī zhèngzài huáxíng, wèile nín hé tārén de ānquán, qǐng xiān bù yào
飞机 正在 滑行, 为了 您 和 他人 的 安全, 请 先 不 要

zhànqǐ huò dǎkāi xínglijià. Qǐng děng fēijī wánquán tíngwěn hòu, zài jiěkāi
站起 或 打开 行李架。请 等 飞机 完全 停稳 后, 再 解开

ānquándài, zhěnglǐ hǎo shǒutí wùpǐn, zhǔnbèi xià fēijī.
安全带, 整理 好 手提 物品, 准备 下 飞机。

Cóng xínglijià li qǔ wùpǐn shí, qǐng zhùyì ānquán. Nín tuōyùn de xíngli
从 行李架 里 取 物品 时, 请 注意 安全。您 托运 的 行李

qǐng dào xíngli tíqǔ chù lǐngqǔ.
请 到 行李 提取 处 领取。

Xūyào zài běn zhàn zhuǎnchéng fēijī dào qítā dìfang de lǚkè qǐng dào
需要 在 本 站 转乘 飞机 到 其他 地方 的 旅客 请 到

hòujīshì zhōngzhuǎn guìtái bànlǐ.
候机室 中转 柜台 办理。

Gǎnxiè nín xuǎnzé Dōngfāng Hángkōng Gōngsī bānjī! Xià cì lǚtú zàihuì!
感谢 您 选择 东方 航空 公司 班机！下 次 旅途 再会！

Lǚkè xià fēijī de guǎngbō
旅客 下 飞机 的 广播

Nǚshìmen、xiānshengmen:
女士们、 先生们：

Fēijī yǐjīng wánquán tíngwěn, qǐng nín cóng qián dēngjīmén xià fēijī.
飞机 已经 完全 停稳，请 您 从 前 登机门 下 飞机。

Xièxie!
谢谢！

3.4 Shēngcí 生词 2 New Words

3.4-4

处于	chǔyú	*v.*	be in (a certain condition)
处	chù	*n.*	place, location, office
灯光	dēngguāng	*n.*	lamplight
地面	dìmiàn	*n.*	earth's surface, ground
个人	gèrén	*n.*	individual person
关闭	guānbì	*v.*	close, shut down, turn off

柜台	guìtái	*n.*	counter, desk
候机室	hòujīshì	*n.*	airport lounge, airport waiting room
滑行	huáxíng	*v.*	(of an aircraft) taxi
解开	jiěkāi	*v.*	unbutton, undo, unfasten
领取	lǐngqǔ	*v.*	draw, get, claim
取	qǔ	*v.*	fetch, draw, get
稍后	shāohòu	*adv.*	later on, a moment later
摄氏度	shèshìdù	*m.*	degree centigrade
提取	tíqǔ	*v.*	draw, pick up
稳	wěn	*adj.*	steady, firm
已	yǐ	*adv.*	already
再会	zàihuì	*v.*	see you next time
中转	zhōngzhuǎn	*v.*	transfer
状态	zhuàngtài	*n.*	state, condition

3.4 Yīngwén fānyì 英文翻译 English Version

Conversation

A: I went to Tibet recently.

B: Tibet is a mystical place to me. I've always wanted to go there, just don't dare to.

A: Why not?

B: I am afraid of altitude sickness. I can't take that.

A: You can try Yunnan first. There are some high-elevation places there as well.

B: I had been to Yunnan before. My heart couldn't take the pressure when I got to the top of Yulong Mountain.

A: Any other reactions?

B: I threw up.

A: In that case, you do need to be cautious.

B: Well, I am afraid I can never go to Tibet.

A: Not necessarily.

B: What do you mean?

A: Firstly, you'd better travel by train instead of by airplane, especially for the journey from Qinghai to Tibet.

B: Does it matter?

A: Of course it does. The elevation is not that high in Qinghai, but it gets higher by degrees from Qinghai to Tibet.

B: You mean I might adapt myself to the altitude step by step by taking a train to Tibet.

A: Yes. If you take a plane, you won't be able to stand the sudden increase in elevation once you land in Tibet.

B: And I could also enjoy the beautiful landscape on my way to Tibet by train.

A: Sure you can. If you take a plane, you would miss the Tibetan antelopes on the Kekexili grassland.

B: I think I can have a try.

A: But you have to be fully prepared for the trip.

B: What kind of preparations do I have to do?

A: Before you go, work out and keep fit. Remember not to get a cold.

B: What does that matter?

A: It matters a lot! One could die from a cold in high-elevation places.

B: Really? So serious?

A: Yes. Never overlook any small problems.

Announcement on an airplane (4)

Announcement of the estimated time of arrival

Ladies and gentlemen,

We will arrive at London Heathrow Airport in about 15 minutes. The ground temperature is 18 degrees Celsius. Thank you!

Announcement of safety check while descending

Ladies and gentlemen,

Our plane is now descending. Please be seated and fasten your seat belt. Put your seat back and tray table in their upright and locked positions. All personal computers and electronic devices should be turned off.

Make sure that your carry-on items are properly stored. We will dim the cabin lights for landing. Thank you!

Announcement of arrival

Ladies and gentlemen,

Our plane has landed at Heathrow Airport. The local temperature is 18 degrees Celsius.

The plane is taxiing. For your safety, please stay in your seat and don't open the overhead compartment for the time being. Wait until the aircraft stops completely to unfasten your seat belt, take all your carry-on items and get ready to disembark.

Please use caution when retrieving items from the overhead compartment. Your checked baggage is to be claimed in the baggage claim area.

The transit passengers please go to the counters of the connecting flights in the waiting hall to complete the procedures.

Thank you for choosing China Eastern Airlines. We look forward to serving you again. Thank you!

Announcement of disembarkation

Ladies and gentlemen,

Our plane has stopped completely. Please disembark from the front entry door. Thank you!

Lesson Five 第五课

Fùxí (Jiàozǎo)
复习（叫早）
Review (Wake-up call)

3.5 Huìhuà 会话 Conversation

3.5-1

gēge: Míngtiān zǎoshang wǒ yào gǎn fēijī, nǐ néng bu néng wǔ diǎnzhōng jiàoxǐng wǒ?
哥哥：明天早上我要赶飞机，你能不能5点钟叫醒我？

dìdi: Nǐ zìjǐ bù néng xǐng ma?
弟弟：你自己不能醒吗？

gēge: Wǒ shuì de sǐ, pà dào shíhou xǐng bu guòlái.
哥哥：我睡得死，怕到时候醒不过来。

dìdi: Shì a. Nǐ shuì jiào jiù gēn sǐ zhū shìde.
弟弟：是啊。你睡觉就跟死猪似的。

gēge: Suǒyǐ cái qiú nǐ bāng máng a.
哥哥：所以才求你帮忙啊。

dìdi: Xíng a, zhǐyào nǐ yèli bù dǎ hūlu jiù xíng.
弟弟：行啊，只要你夜里不打呼噜就行。

gēge: Zhè gēn wǒ dǎ hūlu yǒu shénme guānxi?
哥哥：这跟我打呼噜有什么关系？

dìdi: Nǐ yī dǎ hūlu, wǒ jiù shuì bu zháo le.
弟弟：你一打呼噜，我就睡不着了。

gēge: Nǐ shuì bu zháo jiù néng zhǔnshí jiàoxǐng wǒ le.
哥哥：你睡不着就能准时叫醒我了。

dìdi: Rúguǒ wǒ yèli shuì bu zháo, dàole zǎoshang jiù míhu le.
弟弟：如果我夜里睡不着，到了早上就迷糊了。

gēge: Nà zěnme bàn?
哥哥：那怎么办？

dìdi: Yàobù zhèyàng: nǐ shuì kètīng, ràng wǒ shuì de hǎo yīdiǎnr, míngtiān zǎoshang jiù néng zhǔnshí jiào nǐ le.
弟弟：要不这样：你睡客厅，让我睡得好一点儿，明天早上就能准时叫你了。

gēge: Kě rúguǒ wǒ shuì de bù hǎo, zuò fēijī yòu tǐng lèi de, xiàle fēijī zěnme qù bàn shì?
哥哥：可如果我睡得不好，坐飞机又挺累的，下了飞机怎么去办事？

dìdi: Nǐ kàn zhèyàng xíng bu xíng: nǐ sì diǎnzhōng xiān jiàoxǐng wǒ, ránhòu wǒ wǔ diǎnzhōng zài jiàoxǐng nǐ.
弟弟：你看这样行不行：你4点钟先叫醒我，然后我5点钟再叫醒你。

gēge: Kuī nǐ xiǎng de chū, rúguǒ wǒ sì diǎnzhōng jiù xǐng le, nà jiù bùyòng shuì le, hái yòng de zháo nǐ jiào ma?
哥哥：亏你想得出，如果我4点钟就醒了，那就不用睡了，还用得着你叫吗？

dìdi: Suànle, háishi yòng nàozhōng ba.
弟弟：算了，还是用闹钟吧。

3.5 Kèwén 课文 Text

3.5-2

Gōnggòng qìchē nèi de guǎngbō
公共汽车内的广播 Announcement on a bus

Chéngkè, nín hǎo! Nín xiànzài chéngzuò de shì bā yāo bā lù kōngtiáo chē. Shàng chē qǐng wǎng lǐ zǒu, qǐng gěi yǒu kùnnan de chéngkè ràng zuò.
乘客，您好！您现在乘坐的是818路空调车。上车请往里走，请给有困难的乘客让座。

Chēliàng zhuǎn wān, qǐng lāhǎo fúshǒu. Xià yí zhàn Rénmín Guǎngchǎng, xià chē qǐng tíqián zhǔnbèi.
车辆转弯，请拉好扶手。下一站人民广场，下车请提前准备。

Huǒchēzhàn de guǎngbō
火车站 的 广播 Announcement in a railway station

Lǚkèmen qǐng zhùyì:
旅客们 请 注意:

Èrshíyī diǎn líng wǔ fēn, cóng Shànghǎi kāi wǎng Nánchāng fāngxiàng qù de
21 点 零 5 分, 从 上海 开 往 南昌 方向 去的

K èr bā qī cì lièchē, xiànzài kāishǐ jiǎn piào.
K287 次 列车, 现在 开始 检 票。

Qǐng mǎihǎo K èr bā qī cì chēpiào de lǚkè, dào sì hào、wǔ hào jiǎnpiàokǒu
请 买好 K287 次 车票 的 旅客, 到 4 号、5 号 检票口

jiǎn piào, zài bā hào zhàntái shàng chē.
检 票, 在 8 号 站台 上 车。

Qǐng lǚkèmen bǎoguǎn hǎo zìjǐ de xíngli, bù yào xiédài yì rán、yì bào
请 旅客们 保管 好 自己 的 行李, 不 要 携带 易 燃、易 爆

de wùpǐn. Sòng qīnyǒu de tóngzhì, qǐng jǐnzǎo xià chē. Dài xiǎoháir de lǚkè,
的 物品。送 亲友 的 同志, 请 尽早 下 车。带 小孩儿 的 旅客,

qǐng bù yào ràng xiǎoháir zài zhàntái shang bēnpǎo.
请 不 要 让 小孩儿 在 站台 上 奔跑。

3.5 Shēngcí
生词 New Words

3.5-3

办事	bàn shì	*v.*	handle affairs, work
帮忙	bāng máng	*v.*	help, give a hand
保管	bǎoguǎn	*v.*	keep, take care of
爆	bào	*v.*	explode, burst
奔跑	bēnpǎo	*v.*	run
打呼噜	dǎ hūlu		snore

尽早	jǐnzǎo	*adv.*	as early/soon as possible
亏	kuī	*v.*	(*used to show irony*) it's funny/ridiculous that...
迷糊	míhu	*adj.*	dazed, confused, muddled
闹钟	nàozhōng	*n.*	alarm clock
亲友	qīnyǒu	*n.*	relatives and friends
求	qiú	*v.*	beg, request
然后	ránhòu	*conj.*	after that, then, afterwards
燃	rán	*v.*	burn
……似的	……shìde	*part.*	*used after a noun, pronoun or verb to indicate similarity*
睡不着	shuì bu zháo		cannot fall asleep
算了	suànle	*v.*	let it go, forget it, drop it
同志	tóngzhì	*n.*	comrade
携带	xiédài	*v.*	carry, take along
要不	yàobù	*conj.*	or, otherwise, or else
夜里	yèli	*n.*	night-time
易	yì	*adj.*	easy
用得着	yòng de zháo		there is need to, need
转弯	zhuǎn wān	*v.*	turn, make a turn

3.5 Yīngwén fānyì 英文翻译 English Version

Conversation

(A is the elder brother of B.)

A：Could you wake me up at five tomorrow morning? I need to catch a flight.

B: Can't you wake up yourself?

A: I'm a sound sleeper and I'm afraid I won't be able to wake up on time.

B: That's true. You sleep like a dead pig.

A: That's why I'm asking you for help.

B: No problem, as long as you stop snoring at night.

A: What does it have to do with snoring?

B: I can't sleep when you are snoring.

A: It's better if you can't sleep. You can wake me up on time.

B: But if I don't sleep at night, I will be dozy in the morning.

A: What shall we do then?

B: I suggest you sleep in the living room so I can sleep well. Then I can wake you up on time tomorrow morning.

A: How can I do my job properly after a bad sleep and a tiring flight?

B: How about you wake me up at four and I wake you up at five?

A: What a funny idea! If I can wake up at four, I will stay up and won't even need a morning call.

B: All right. We should just use the alarm clock.

Announcement on a bus

Dear passengers, this is No. 818 air-conditioned bus. Please move along. Please offer your seat to anyone in need.

Now the bus is making a turn. Please hold onto the grab bars. The next stop is People's Square. Please prepare to get off the bus.

Announcement in a railway station

Attention, please!

Train No. K287 leaving at 5 past 21 from Shanghai to Nanchang is now boarding.

Please check in at Gate 4 or 5 and board at Platform No. 8.

Please look after all your luggage. Do not carry any flammable or explosive items. Please get off the train if you are not a passenger. Please take good care of your children and don't let them run on the platform.

3.5 Jiàoxué zhòngdiǎn
教学重点

- 词汇

与旅行有关的词语

- 句型

1. 时量补语：动词 + 表示时长的数量词或短语
2. 离合词：
离合词的构词法是动宾结构，如："见面""结婚"等，所以，后面不能直接加宾语，而中间可以加其他词。离合词中的动词有些还可以重叠，如"聊聊天儿""跑跑步"等。其他离合词还包括：放心、检票、转弯、跳舞等，可与非离合词比较，如：告诉、离开、保养、适应、呕吐、携带、学习、奔跑、保管。

Shàng Wǎng

上网

SURFING THE INTERNET

Objectives

Upon successfully completing Unit 4, students will:

1. Vocabulary

★ have learned some words and expressions related to computer and Internet.

2. Grammar

★ have learned the sentence patterns with "guo (过)" or "le (了)":

Almost the same:

Eg. Chīle fàn zài qù. 吃了饭再去。	Chīguo fàn zài qù. 吃过 饭再去。

Different:

Eg. Tā qùle Běijīng. 他去了北京。	Tā qùguo Běijīng. 他去过北京。
Tā lái le. 他来了。	Tā láiguo. 他来过。

★ have learned the sentence patterns with "bùdàn (不但)" and/or "érqiě (而且)":

Eg. Wǒ bùdàn kànguo tā de bókè, érqiě hái shì tā de fěnsī ne!
我不但看过他的博客，而且还是他的粉丝呢！

Zhème xiǎo yī ge dōngxi, néng fàng nàme duō zīliào, érqiě xiězuò、zhěnglǐ、biānjí、cházhǎo dōu hěn fāngbiàn.
这么小一个东西，能放那么多资料，而且写作、整理、编辑、查找都很方便。

上网

Surfing the Internet

Lesson One 第一课

Wǒ de diànnǎo

我的电脑 My computer

4.1 Kèwén 课文 Text

4.1-1

Chant 1

Dǎkāi wǒ diànnǎo，shūrù wǒ mìmǎ;
打开 我 电脑，输入 我 密码；

shìjiè gè dì zài yǎnqián，péngyou zài shēnbiān.
世界 各 地 在 眼前，朋友 在 身边。

Wǎng shang xīnwén duō，wǎng shang xìnxī quán;
网 上 新闻 多，网 上 信息 全；

diànzǐ yóujiàn wǎng shang fā，lìkè jiù shōudào.
电子 邮件 网 上 发，立刻 就 收到。

Wénjiàn yào bǎocún，túpiàn kě xiàzài;
文件 要 保存，图片 可 下载；

lājī yóujiàn yào shānchú，fángzhǐ yǒu bìngdú.
垃圾 邮件 要 删除，防止 有 病毒。

Chant 2

Guāngqū、píngmù、xiǎnshìqì，yìngpán、yōupán hé guāngpán，
光驱、屏幕、显示器，硬盘、优盘 和 光盘，

dǎyìnjī、sǎomiáoyí，shǔbiāo、jiànpán、kèlùjī.
打印机、扫描仪，鼠标、键盘、刻录机。

4.1 Huìhuà 会话 Conversation

4.1-2

Qǐngwèn, nín xūyào shénme?
A: 请问， 您需要什么？

Wǒ xiǎng mǎi yīxiē diànnǎo pèijiàn. Zhè shì yī fèn qīngdān.
B: 我想买一些电脑配件。这是一份清单。

Dōu shì yìngjiàn.
A: 都是硬件。

Shì de. Shǔbiāo、jiànpán、xiǎnshìqì、yìngpán hé guāngqū.
B: 是的。鼠标、键盘、显示器、硬盘和光驱。

Nín shì dǎsuan zìjǐ zhuāng yī tái diànnǎo ba.
A: 您是打算自己装一台电脑吧。

Bùcuò. Ò, wǒ hái wàngle jǐ yàng dōngxi: yōupán、dǎyìnjī hé sǎomiáoyí.
B: 不错。哦，我还忘了几样东西：优盘、打印机和扫描仪。

……

Dōu zài zhèr le. Qǐng nín diǎn yīxià.
A: 都在这儿了。请您点一下。

Zhège xiǎnshìqì de píngmù hǎoxiàng yǒu
B: 这个显示器的屏幕好像有

diǎnr wèntí, qǐng gěi wǒ huàn yī ge.
点儿问题，请给我换一个。

Xíng. Hái yào shénme?
A: 行。还要什么？

Zhèxiē zhuāng qǐlai hòu, yǒu méiyǒu
B: 这些装起来后，有没有

kèlù guāngpán de gōngnéng?
刻录光盘的功能？

Nín zhǐyào lìngwài xiàzài yī ge kèlù guāngpán de ruǎnjiàn jiù xíng le.
A: 您只要另外下载一个刻录光盘的软件就行了。

上网 Surfing the Internet

4.1 Shēngcí 生词 New Words

4.1-3

保存	bǎocún	*v.*	save, keep, preserve
病毒	bìngdú	*n.*	virus
打印	dǎyìn	*v.*	print
打印机	dǎyìnjī	*n.*	printer
防止	fángzhǐ	*v.*	prevent, avoid
份	fèn	*m.*	copy
功能	gōngnéng	*n.*	function, use
光盘	guāngpán	*n.*	optical disk
光驱	guāngqū	*n.*	optical disk drive
键盘	jiànpán	*n.*	keyboard
刻录	kèlù	*v.*	copy, record, write down
刻录机	kèlùjī	*n.*	CD burner, CD recorder
立刻	lìkè	*adv.*	at once, immediately
密码	mìmǎ	*n.*	password, secret code
配	pèi	*v.*	mix, match, find sth. to fit or replace sth. else
配件	pèijiàn	*n.*	fitting, accessory part
清单	qīngdān	*n.*	list of items, catalog
软件	ruǎnjiàn	*n.*	software
扫描	sǎomiáo	*v.*	scan
扫描仪	sǎomiáoyí	*n.*	scanner
删除	shānchú	*v.*	delete
收到	shōudào	*v.*	receive, get

输入	shūrù	*v.*	input
鼠标	shǔbiāo	*n.*	(computer) mouse
图片	túpiàn	*n.*	picture, photo, image
网	wǎng	*n.*	net, network
网上	wǎng shang		on the Internet
文件	wénjiàn	*n.*	document, papers, file
下载	xiàzài	*v.*	download
显示	xiǎnshì	*v.*	show, display
显示器	xiǎnshìqì	*n.*	(computer) monitor, display
新闻	xīnwén	*n.*	news
硬盘	yìngpán	*n.*	hard disk
优盘	yōupán	*n.*	USB disk
邮件	yóujiàn	*n.*	mail, post
装	zhuāng	*v.*	install, fit, assemble

4.1 Yīngwén fānyì 英文翻译 English Version

Chant 1

Once I turn on my computer and put in my password,
I have the whole world before my eyes and all my friends by my side.
There is a large amount of news on the Internet. You can find all kinds of information on the Internet.
Send an e-mail online and it will get to the receiver at once.
Save documents and download pictures.
Delete junk mails to avoid virus attacks.

Chant 2

CD drive, screen, monitor; hard disk, USB and CD;
Printer, scanner; mouse, keyboard and CD recorder.

Conversation

A: Excuse me. May I help you?
B: I want to buy some computer parts. Here is the list.
A: They are all hardware.
B: Yes. Mouse, keyboard, monitor, hard disk drive and CD-ROM drive.
A: Are you planning to assemble a computer?
B: Yes, I am. Oh, I forgot several other things: USB, printer and scanner.
...
A: Here is all you want. Check them, please.
B: It seems that something's wrong with the screen of the monitor. Please give me another one.
A: OK. Anything else?
B: When the computer is assembled, can I burn CDs or DVDs on it?
A: Yes. You only have to download a CD/DVD burning tool.

Lesson Two 第二课

Shàng wǎng
上网
Surfing the Internet

4.2 Kèwén 课文 Text

4.2-1

Chant 3

Shàng wǎng liáoliao tiānr, wǎngyǒu zhēn bù shǎo.
上网聊聊天儿，网友真不少。

Xūnǐ shìjiè li, jiāoyǒu yào xiǎoxīn.
虚拟世界里，交友要小心。

Shàng wǎng dǎ yóuxì, shíjiān bù néng cháng.
上网打游戏，时间不能长。

Xuéxí gèng zhòngyào, zuòyè bù néng wàng.
学习更重要，作业不能忘。

Rúguǒ wèi chéngnián, bù néng qù wǎngbā.
如果未成年，不能去网吧。

Bù yào zuò hēikè, wǎngyóu yào guīfàn.
不要做黑客，网游要规范。

Chant 4

Kāi jī、guān jī yòu sǐ jī, tuìchū、shā dú zài qǐdòng.
开机、关机又死机，退出、杀毒再启动。

Shàng wǎng, wǎng shang wánr wǎngyóu, wǎngzhàn、wǎngzhǐ zhǎo wǎngyǒu.
上网，网上玩儿网游，网站、网址找网友。

上网

Surfing the Internet

4.2 Huìhuà 会话 Conversation

4.2-2

Zuìjìn, wǒ de yóuxiāng li quán shì lājī yóujiàn.
A：最近，我的邮箱里全是垃圾邮件。

Zhè hái bù jiǎndān? Tōngtōng shānchú huò rēngdào huíshōuzhàn qu.
B：这还不简单？通通删除或扔到回收站去。

Wǒ bù xiǎoxīn dǎkāile yī ge, jiéguǒ, sǐ jī le. Wǒ xiǎng tuìchū dōu bùxíng.
A：我不小心打开了一个，结果，死机了。我想退出都不行。

Nà zhǐhǎo guān jī, zài chóngxīn qǐdòng le.
B：那只好关机，再重新启动了。

Wǒ guān jī, zài kāi jī, háishi bùxíng.
A：我关机，再开机，还是不行。

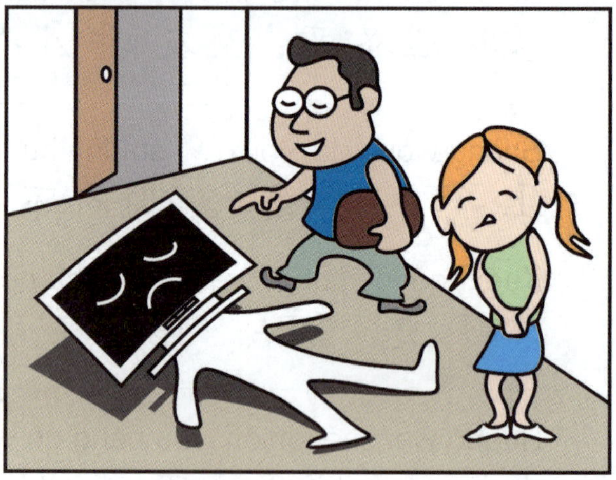

Bāchéng shì zhòng bìngdú le. Nǐ yīnggāi xiàzài yī ge xīn de shā dú ruǎnjiàn.
B：八成是中病毒了。你应该下载一个新的杀毒软件。

Nǐ yǒu xià shā dú ruǎnjiàn nàge wǎngzhàn de wǎngzhǐ ma?
A：你有下杀毒软件那个网站的网址吗？

Nǐ kěyǐ sōusuǒ yīxià, hěn róngyì zhǎodào.
B：你可以搜索一下，很容易找到。

Hǎo de, wǒ shìshi kàn. Bùxíng zài zhǎo nǐ bāng máng.
A：好的，我试试看。不行再找你帮忙。

4.2 Shēngcí 生词 New Words

4.2-3

八成	bāchéng	*adv.*	eighty percent, most probably
成年	chéngnián	*v.*	grow up, become an adult
重新	chóngxīn	*adv.*	again, afresh

毒	dú	*n.*	virus
关机	guān jī	*v.*	turn off a cell phone or computer
规范	guīfàn	*adj.*	standard, normal
黑客	hēikè	*n.*	hacker
回收站	huíshōuzhàn	*n.*	recycle bin
简单	jiǎndān	*adj.*	simple, easy
交友	jiāoyǒu	*v.*	make friends
开机	kāi jī	*v.*	turn on a cell phone or computer
启动	qǐdòng	*v.*	start (a machine), turn on, switch on
杀毒	shā dú	*v.*	remove a virus
上网	shàng wǎng	*v.*	get on the Internet, surf the Internet
死机	sǐ jī	*v.*	(of the system) halt, crash, go dead
搜索	sōusuǒ	*v.*	search, look for
通通	tōngtōng	*adv.*	all, completely, entirely, totally
退出	tuìchū	*v.*	escape, leave, quit
网吧	wǎngbā	*n.*	Internet bar
网游	wǎngyóu	*n.*	online game
网友	wǎngyǒu	*n.*	Internet friend
网站	wǎngzhàn	*n.*	website
网址	wǎngzhǐ	*n.*	web address, URL
未	wèi	*adv.*	not yet
虚拟	xūnǐ	*adj.*	invented, fictitious, virtual
邮箱	yóuxiāng	*n.*	mailbox, postbox
中	zhòng	*v.*	fall into, sustain, suffer

4.2 Yīngwén fānyì 英文翻译 English Version

Chant 3

You chat online, with a lot of Internet friends.
Remember, in the virtual world, you have to be careful when making friends.

You may play games online, but don't spend too much time.
Study is more important. Don't forget about your homework.

If you are under age, you can't go to Internet bars.
Don't hack others and follow the rules while playing online.

Chant 4

Turn on the computer, turn off the computer and have a computer crash. Exit the programs, remove the viruses, and reboot the computer.
Surf the Internet, play online games and find Internet friends from websites.

Conversation

A: My e-mail box has been filled with junk mails lately.
B: That's easy. Just delete them all or put them into the trash bin.
A: The problem is I opened one of them by accident, then my computer froze up and I couldn't even quit.
B: Then you have to turn your computer off and reboot it.
A: I did, but it didn't work.
B: It must have got a virus. You should download a new piece of antivirus software.
A: Do you know any website where I can download the software?
B: Search online and it's easy to find one.
A: Thank you! I'll try and I may still need your help in case I can't deal with it.

Lesson Three 第三课 Fánghuǒqiáng 防火墙 Firewall

4.3 Huìhuà 会话 Conversation

4.3-1

Zuìjìn máng ma?
A：最近 忙 吗？

Háishi nàyàng，měi tiān shàng bān dì yī jiàn shì jiù shì dǎkāi diànnǎo.
B：还是 那样，每 天 上 班 第 一 件 事 就 是 打开 电脑。

Shì a. Xiànzài jìnrù jìsuànjī wǎngluò shídài，méi diànnǎo jiǎnzhí méifǎr gàn huór le.
A：是 啊。现在 进入 计算机 网络 时代，没 电脑 简直 没法儿 干 活儿 了。

Jiùshì. Nà tiān，wǒ xiàzài yī ge ruǎnjiàn，jiéguǒ zhòng dú le.
B：就是。那 天，我 下载 一 个 软件，结果 中 毒 了。

Nà nǐ jiù bié xiǎng gàn huór la. Nǐ méi ānzhuāng fánghuǒqiáng ma?
A：那 你 就 别 想 干 活儿 啦。你 没 安装 防火墙 吗？

Zhuāng le. Kěshì nà hǎoxiàng shì yī zhǒng xīn bìngdú.
B：装 了。可是 那 好像 是 一 种 新 病毒。

Nǐ de fánghuǒqiáng kěnéng hěn cháng shíjiān méi shēng jí le.
A：你 的 防火墙 可能 很 长 时间 没 升 级 了。

Shì de，yǒu yīzhènzi méi shēng jí le. Hòulái wǒ yòng shā dú ruǎnjiàn shāle dú.
B：是 的，有 一阵子 没 升 级 了。后来 我 用 杀 毒 软件 杀了 毒。

Xìtǒng bèi pòhuàile méiyǒu?
A：系统 被 破坏了 没有？

Hái hǎo，méiyǒu. Fǒuzé yào chóng zhuāng le.
B：还 好，没有。否则 要 重 装 了。

上网 Surfing the Internet

Chóng zhuāng hái shì xiǎo shì, rúguǒ wénjiàn diūshī le, nà jiù cǎn le.
A：重装还是小事，如果文件丢失了，那就惨了。

Shì a. Zhè jiù shì yǒu yī lì bì yǒu yī bì.
B：是啊。这就是有一利必有一弊。

Zěnme jiǎng?
A：怎么讲？

Diànnǎo zhè wányìr, hǎochu shì: zhème xiǎo yī ge dōngxi, néng fàng nàme duō zīliào.
B：电脑这玩意儿，好处是：这么小一个东西，能放那么多资料。

Érqiě xiězuò、zhěnglǐ、biānjí、cházhǎo dōu hěn fāngbiàn.
A：而且写作、整理、编辑、查找都很方便。

Kěshì, yīdàn chūle máobìng, nǐ xūyào de dōngxi jiù shénme dōu méi le.
B：可是，一旦出了毛病，你需要的东西就什么都没了。

Wǎngluò shang nǐ kěyǐ zhǎodào gě zhǒng gè yàng nǐ xūyào de dōngxi.
A：网络上你可以找到各种各样你需要的东西。

Kě tóngshí, bìngdú yě huì chuánrǎn gěi nǐ. Bùguò bìjìng háishi lì dà yú bì.
B：可同时，病毒也会传染给你。不过毕竟还是利大于弊。

Dāngrán, fǒuzé zěnme huì yǒu nàme duō rén xǐhuan diànnǎo hé shàng wǎng ne!
A：当然，否则怎么会有那么多人喜欢电脑和上网呢！

4.3 Shēngcí 生词 New Words

4.3-2

安装	ānzhuāng	*v.*	install, fix
被	bèi	*prep.*	*used in a passive sentence to introduce the agent or doer*
毕竟	bìjìng	*adv.*	after all, in the final analysis
弊	bì	*n.*	disadvantage, harm
编辑	biānjí	*v.*	edit
惨	cǎn	*adj.*	miserable, tragic

查找	cházhǎo	*v.*	seek, look for
重装	chóng zhuāng		reinstall
传染	chuánrǎn	*v.*	infect, be contagious
丢失	diūshī	*v.*	lose
防火墙	fánghuǒqiáng	*n.*	firewall
干活儿	gàn huór	*v.*	work, work on a job
各种各样	gè zhǒng gè yàng		various, all sorts of
好处	hǎochù	*n.*	benefit, advantage
计算机	jìsuànjī	*n.*	computer
简直	jiǎnzhí	*adv.*	simply, really, at all
利	lì	*n.*	benefit, profit
毛病	máobìng	*n.*	defect, fault, trouble
破坏	pòhuài	*v.*	destroy, damage
升级	shēng jí	*v.*	upgrade
时代	shídài	*n.*	times, age, era
玩意儿	wányìr	*n.*	thing, creature
网络	wǎngluò	*n.*	network, net
写作	xiězuò	*v.*	write (a book, an essay, etc.)
一旦	yīdàn	*adv.*	in case, if ever, once, the moment (that)
一阵子	yīzhènzi		a period of time
于	yú	*prep.*	than
整理	zhěnglǐ	*v.*	arrange, tidy up, sort out
资料	zīliào	*n.*	data, material

4.3 Yīngwén fānyì
英文翻译
English Version

Conversation

A: Are you busy these days?

B: Same old same old. Turning on the computer is the first thing I do every day at work.

A: That's true. We are in a computer and Internet age. We can't do anything without a computer.

B: You're right. One day, I downloaded a software program and got a virus.

A: That would be a disaster to your work. Don't you have a firewall?

B: I do. But it seemed to be a new kind of virus.

A: Maybe your firewall was out of date.

B: Yes. It had been quite some time since I upgraded it last time. Later I removed the virus with antivirus software.

A: Did the virus destroy your operating system?

B: Fortunately, it didn't. Otherwise, I had to reinstall it.

A: It's no big deal to reinstall a computer system. Losing the files is much more serious.

B: That's true. As it is said, any advantage comes with a disadvantage.

A: What does that mean?

B: Take the computer for example. Such a small machine can hold so many data.

A: And it is a convenient tool for writing, sorting out data, editing and searching.

B: But once it has a problem, you lose everything.

A: On the Internet, you can find all kinds of things you need.

B: At the same time, you may get viruses too. But anyway, the advantages outweigh the disadvantages.

A: Of course. Otherwise, why do so many people love the computer and the Internet?

Lesson Four 第四课

Nǐ shì wǎngmín ma
你是网民吗 Are you a netizen

4.4 Huìhuà 会话 Conversation

4.4-1

Nǐ shì wǎngmín ma?
A：你 是 网民 吗？

Dāngrán shì. Wǒ píngjūn měi tiān shàng wǎng wǔ-liù ge xiǎoshí.
B：当然 是。我 平均 每 天 上 网 五六个 小时。

Nà nǐ bùdàn shì wǎngmín，érqiě kěyǐ suàn shì biāozhǔn de wǎngchóng le.
A：那 你 不但 是 网民，而且 可以 算 是 标准 的 网虫 了。

Zhè niántóu，chúle yīng'ér hé lǎorén，shuí bù shàng wǎng a!
B：这 年头，除了 婴儿 和 老人，谁 不 上 网 啊！

Lǎorén lǐmian yě yǒu bù shǎo wǎngmín ne.
A：老人 里面 也 有 不 少 网民 呢。

Shì a. Xiànzài dàjiā dōu jǐn gēn shídài bùfá le.
B：是 啊。现在 大家 都 紧 跟 时代 步伐 了。

Diànnǎo yǐjīng chéngle wǒmen shēnghuó zhōng fēicháng zhòngyào de yī bùfen le.
A：电脑 已经 成了 我们 生活 中 非常 重要 的 一 部分 了。

Yàobù zěnme jiào diànnǎo ne? Rén yàoshi méile nǎozi bù jiù chéng shǎguā le?
B：要不 怎么 叫 电脑 呢？人 要是 没了 脑子 不 就 成 傻瓜 了？

4.4 Xiǎo gùshi 小故事 Short Story

4.4-2

Dǎ yú
打鱼 Fishing

Yǒu liǎng ge yúfū， yī ge fēicháng qínláo， tiāntiān chū hǎi dǎ yú； lìng yī
有 两 个 渔夫，一 个 非常 勤劳，天天 出 海 打 鱼；另 一

上网 Surfing the Internet

ge bǐjiào lǎnduò, hǎojǐ tiān cái chū hǎi yī cì. Kěshì, yī nián xiàlai, tāliǎ
个比较懒惰，好几天才出海一次。可是，一年下来，他俩

de shōucheng chàbuduō.
的收成差不多。

Qínláo de yúfū rěn bu zhù wèndào: "Nǐ dǎ yú cìshù bǐ wǒ shǎo, zěnme
勤劳的渔夫忍不住问道："你打鱼次数比我少，怎么

shōucheng gēn wǒ chàbuduō?"
收成跟我差不多？"

Lǎnduò de yúfū jiěshì dào: "Suīrán nǐ tiāntiān dǎ yú, yǒushíhou duō,
懒惰的渔夫解释道："虽然你天天打鱼，有时候多，

yǒushíhou shǎo, dàn yùshàng fēnglàng, nǐ
有时候少，但遇上风浪，你

jiù xuèběn wú guī. Ér wǒ jīngcháng shàng
就血本无归。而我经常上

wǎng, liáojiě tiānqì hé yúxùn de qíngkuàng,
网，了解天气和鱼汛的情况，

zuòdàole yǒu dì fàng shǐ."
做到了有的放矢。"

Qínláo de yúfū gǎnkǎi dào: "Hái shì nǐ qiáng: sān tiān dǎ yú, liǎng tiān
勤劳的渔夫感慨道："还是你强：三天打鱼，两天

shàng wǎng."
上网。"

Běnlái zhè jù chéngyǔ shì "sān tiān dǎ yú, liǎng tiān shài wǎng", yìsi shì:
本来这句成语是"三天打鱼，两天晒网"，意思是：

yǒude rén hěn lǎn, gōngzuò sān tiān, jiù yào xiūxi liǎng tiān, bù néng jiānchí.
有的人很懒，工作三天，就要休息两天，不能坚持。

Xiànzài zhǐ gǎile yī ge zì, yìsi jiù bù tóng le.
现在只改了一个字，意思就不同了。

4.4 Shēngcí 生词 New Words

4.4-3

标准	biāozhǔn	*adj.*	standard, normal

步伐	bùfá	*n.*	step, footstep, pace
成语	chéngyǔ	*n.*	idiom, set phrase
出海	chū hǎi	*v.*	put out to sea, go to sea
除了	chúle	*prep.*	except, besides
次数	cìshù	*n.*	number of times, frequency
打鱼	dǎ yú		go fishing, fish
道	dào	*v.*	say, speak, talk
风浪	fēnglàng	*n.*	stormy waves, storm
感慨	gǎnkǎi	*v.*	sigh with emotion or regret
解释	jiěshì	*v.*	explain, make clear
紧	jǐn	*adj.*	close, pressing, urgent
懒惰	lǎnduò	*adj.*	lazy
脑子	nǎozi	*n.*	brain
年头	niántóu	*n.*	days, times
强	qiáng	*adj.*	better, stronger
勤劳	qínláo	*adj.*	diligent, hard-working
忍不住	rěn bu zhù		cannot help (doing sth.), be unable to bear
傻瓜	shǎguā	*n.*	fool, blockhead
收成	shōucheng	*n.*	harvest, crop
网虫	wǎngchóng	*n.*	netter, Internet geek, net potato
网民	wǎngmín	*n.*	netizen, net-surfer
血本无归	xuèběn wú guī		can't even regain one's original capital, lose every cent invested
婴儿	yīng'ér	*n.*	infant, newborn baby

上网 Surfing the Internet

有的放矢	yǒu dì fàng shǐ		speak or act with a well-defined objective in mind
鱼汛	yúxùn	*n.*	fishing season
渔夫	yúfū	*n.*	fisherman, fisher
遇上	yùshàng	*v.*	meet, encounter

4.4 Yīngwén fānyì 英文翻译 English Version

Conversation

A: Are you a netizen?

B: Of course I am. I spend 5-6 hours a day online on average.

A: Then you are not just a netizen. You are a net potato.

B: These days everybody surfs online except infants and old people.

A: Many old people are net-surfers too.

B: Yes. Everyone wants to catch up with the times.

A: The computer has become an important part of our lives.

B: That is why it is called "electronic brain" in Chinese. Without brain, we are fools.

Short Story: Fishing

There were two fishermen. One worked very hard and went fishing every day. The other one was lazy and worked only once every few days, but got as much income as the hard-working one at the end of the year.

The hard-working fisherman felt puzzled and asked: "I went fishing more often than you did, but didn't get more. Why?"

The lazy one answered: "Yes, you fished every day; but sometimes you caught a lot of fish, and other times few. In times of storm, you got nothing. For me, I often went on the Internet to learn about weather and fishing conditions. What I did was "shooting the arrow at the target".

The hard-working fisherman sighed: "It is really impressive that you spend three days fishing and two days surfing the Net.

The original idiom was: "Spending three days fishing and two days drying the net". It means to take a two-day rest after every three days of work. It criticizes those who cannot persist in work. Now with one word changed, the meaning is totally different.

Lesson Five 第五课

Fùxí (Bókè)
复习（博客）Review (Blog)

4.5 Huìhuà 会话 Conversation

4.5-1

Nǐ liúlǎnguo "biānfúxiá" de bókè ma?
A：你浏览过"蝙蝠侠"的博客吗？

Wǒ bùdàn kànguo, érqiě hái shì tā de fěnsī ne!
B：我不但看过，而且还是他的粉丝呢！

Nà nǐ kànguo yī duàn guānyú liúlàng māo de shìpín ma?
A：那你看过一段关于流浪猫的视频吗？

Kànguo. Guānyú zhè duàn shìpín, fā tiězi de rén hái zhēn bù shǎo ne.
B：看过。关于这段视频，发帖子的人还真不少呢。

Nà nǐ kànguo yī ge jiào "chāorén" de fā de tiězi ma?
A：那你看过一个叫"超人"的发的帖子吗？

Nà jiù shì zàixià wǒ de wǎngmíng.
B：那就是在下我的网名。

Zhème shuō, "chāorén" jiù shì géxià?
A：这么说，"超人"就是阁下？

Bùcuò, zhèng shì bǐrén. Nǐ juéde wǒ de yìjiàn zěnmeyàng?
B：不错，正是鄙人。你觉得我的意见怎么样？

Wǒ hěn tóngyì nǐ de guāndiǎn.
A：我很同意你的观点。

4.5 Shēngcí 生词 New Words 1

4.5-2

鄙人	bǐrén	*n.*	(*term of modesty*) I, me

上网

Surfing the Internet

蝙蝠	biānfú	*n.*	bat
博客	bókè	*n.*	blog, weblog
超人	chāorén	*n.*	superman
粉丝	fěnsī	*n.*	fan, admirer
阁下	géxià	*n.*	(*respectful term of address*) you, sir
关于	guānyú	*prep.*	about, with regard to
观点	guāndiǎn	*n.*	point of view, standpoint
浏览	liúlǎn	*v.*	look through, browse
流浪	liúlàng	*v.*	rove, wander, lead a vagrant life
猫	māo	*n.*	cat
视频	shìpín	*n.*	video
帖子	tiězi	*n.*	post, posting
同意	tóngyì	*v.*	agree, consent
网名	wǎngmíng	*n.*	username on the Internet, screen name
侠	xiá	*n.*	hero, chivalrous swordsman
在下	zàixià	*n.*	(*term of modesty*) I, me

4.5 Xiǎo gùshi 小故事 Short Story

4.5-3

Tuì ér shàng wǎng
退而上网 Go back and search the Net

Yǒu ge rén zài shuǐbiān kànzhe shuǐ li de yú shuō: "Hǎo xiānměi de yú ya,
有个人在水边看着水里的鱼说："好鲜美的鱼呀，

yàoshi néng nòng jǐ tiáo zuò cài, jiù hǎo la."
要是能弄几条做菜，就好啦。"

Kěshì, zěnme cái néng nòngdào yú ne? Nàge rén xiàng yī ge cōngming rén
可是，怎么才能弄到鱼呢？那个人向一个聪明人

qǐngjiào bǔ yú de fāngfǎ.
请教捕鱼的方法。

Cōngming rén xiàozhe shuō: “Bǔ yú de fāngfǎ hěn duō, bùyòng wǒ jiǎng,
聪明人笑着说：“捕鱼的方法很多，不用我讲，

wǎng shang dōu yǒu, nǐ qù sōusuǒ yīxià. Yǔqí lín yuān xiàn yú, bùrú tuì ér
网上都有，你去搜索一下。与其临渊羡鱼，不如退而

shàng wǎng.”
上网。”

Běnlái zhè jù chéngyǔ shì “lín yuān xiàn yú, bùrú tuì ér jié wǎng”, yìsi
本来这句成语是“临渊羡鱼，不如退而结网”，意思

shì: guāng zhàn zài shuǐtán biān yǎnchán shuǐ li de yú shì méiyǒu yòng de, hái
是：光站在水潭边眼馋水里的鱼是没有用的，还

bùrú zuòhǎo yúwǎng qù dǎ yú, bǐyù yào yǒu shíjì xíngdòng.
不如做好鱼网去打鱼，比喻要有实际行动。

4.5 Shēngcí 生词 2 New Words

4.5-4

比喻	bǐyù	*v.*	metaphor, analogy, simile, figure of speech
捕鱼	bǔ yú		catch fish
聪明	cōngming	*adj.*	clever, intelligent
而	ér	*conj.*	and, and that, and then
方法	fāngfǎ	*n.*	method, way
光	guāng	*adv.*	only, merely
结	jié	*v.*	tie, knit, knot, weave
临	lín	*v.*	face, be close to

上网

Surfing the Internet

弄	nòng	*v.*	get, fetch
请教	qǐngjiào	*v.*	consult, ask for advice
实际	shíjì	*adj.*	actual, real
水潭	shuǐtán	*n.*	pool, puddle
退	tuì	*v.*	move back, retreat
鲜美	xiānměi	*adj.*	fresh and beautiful
羡/羡慕	xiàn/xiànmù	*v.*	envy, admire
行动	xíngdòng	*n.*	action, deed
眼馋	yǎnchán	*adj.*	covetous, envious
与其……不如……	yǔqí……bùrú……		would rather…than…
渊	yuān	*n.*	deep pool

4.5 Yīngwén fānyì 英文翻译 English Version

Conversation

A: Have you ever read Batman's blog?

B: Not only have I read it, I'm also his fan.

A: Have you watched the video about homeless cats?

B: Yes, I have. There were a lot of follow-up posts.

A: Have you seen the post written by someone named "Superman"?

B: That's my username.

A: Are you saying you are that "Superman"?

B: Yes, exactly. What do you think of my opinion?

A: I couldn't agree more.

Short Story: Go back and search the Net

A man stood by a river, watching the fish in it, and murmured: "What fresh and beautiful fish! How nice it would be if I could catch some to cook!"

But how could the man get fish? He turned to a smart guy for advice on how to catch fish.

The smart guy smiled and said: "There are many ways of catching fish. You don't have to ask me. You can find them online. Why not go back and search the Net instead of desiring the fish by the pond?"

The original idiom is "It's better to go back and make a net than to desire the fish by the pond". It means it's no use standing by a pond longing for the fish in it and that one should make a net and go fishing. It encourages people to take real action.

4.5 Jiàoxué zhòngdiǎn 教学重点

- 词汇

  与电脑、网络有关的词语

- 句型

  1. 比较"过"和"了"用法的相同点和不同点。
  2. 不但、而且：常合用，"而且"也可以单用。

Kàn Bìng

看病

SEEING A DOCTOR

5

UNIT

第五单元

Objectives

Upon successfully completing Unit 5, students will:

1. Vocabulary

★ have learned some words and expressions related to hospital, medicine and health.

2. Grammar

★ have learned the complement of direction:

Eg.

yàn xiàqu 咽 下去	zhù jìnqu 住 进去
qǐng zǒu chūlai 请 走 出来	qǐng zǒu chūqu 请 走 出去

★ have learned the complement after an adjective or a verb:

Eg.

Tā bǐ wǒ dà sān suì. 他比我大三岁。	Tā gāo yì mǐ bā. 他高一米八。
qù yīyuàn jiǎnchá yíxià 去医院 检查 一下	zài kāi yí cì dāo 再开一次刀

Lesson One 第一课

Yīyuàn
医院 Hospital

5.1 Kèwén 课文 Text

5.1-1

Chant 1

Zhōngyī、 xīyī、 zhùyuànbù, jízhěn、ménzhěn hé bìngfáng.
中医、西医、住院部，急诊、门诊和病房。

Nèikē、 wàikē、 shénjīngkē, gǔkē、 érkē、 fùchǎnkē;
内科、外科、神经科，骨科、儿科、妇产科；

ěr bí hóu kē hé yǎnkē, chuánrǎnbìng kē、kǒuqiāngkē.
耳鼻喉科和眼科，传染病科、口腔科。

Liáng xuèyā、 cè tǐwēn, chōu xiě、 yàn xiě huàyànkē,
量血压、测体温，抽血、验血化验科，

xīndiàntú、chāoshēngbō, X guāng tòushìkē.
心电图、超声波，X 光透视科。

Guà hào、jiǎo fèi zài qǔ yào, dǎ zhēn、chī yào zài shū xiě.
挂号、缴费再取药，打针、吃药再输血。

5.1 Huìhuà 会话 Conversation

5.1-2

Xiǎo Zhāng, nǐ liǎnsè hǎoxiàng bù tài hǎo.
A：小张，你脸色好像不太好。

Shì a, húnshēn méi lìqi.
B：是啊，浑身没力气。

Seeing a doctor 看病

Qù yīyuàn jiǎnchá yīxià ba.
A：去 医院 检查 一下吧。

Qián liǎng tiān jiǎncháguo le.
B：前 两 天 检查过 了。

Jiéguǒ zěnmeyàng?
A：结果 怎么样？

Dàbiàn、xiǎobiàn dōu zhèngcháng，jiù shì xīn tiào yǒudiǎnr bù zhèngcháng.
B：大便、小便 都 正常， 就是 心 跳 有点儿 不 正常。

Xīnzàng kě shì réntǐ zuì zhòngyào de bùfen.
A：心脏 可 是 人体 最 重要 的 部分。

Shuí shuō bù shì ne?
B：谁 说 不是呢？

Nǐ yào zhùyì hǎohāor xiūxi.
A：你 要 注意 好好儿 休息。

5.1 Shēngcí 生词 New Words

5.1-3

鼻	bí	*n.*	nose
病房	bìngfáng	*n.*	sickroom, ward of a hospital
测	cè	*v.*	measure, survey
超声波	chāoshēngbō	*n.*	ultrasonic wave, supersonic wave
打针	dǎ zhēn	*v.*	give/have an injection
大便	dàbiàn	*n.*	excrement, feces, stool
儿	ér	*n.*	child, baby
儿科	érkē	*n.*	(department of) pediatrics
耳	ěr	*n.*	ear

妇产科	fùchǎnkē	*n.*	(department of) gynecology and obstetrics
骨	gǔ	*n.*	bone
骨科	gǔkē	*n.*	(department of) orthopedics
挂号	guà hào	*v.*	register (at a hospital)
喉	hóu	*n.*	throat, larynx
化验	huàyàn	*v.*	assay, make a laboratory test
浑身	húnshēn	*n.*	from head to foot, all over
急诊	jízhěn	*n.*	emergency call, emergency treatment
缴费	jiǎo fèi		pay a fee
科	kē	*n.*	branch, subject, section, department
口腔	kǒuqiāng	*n.*	oral cavity
力气	lìqi	*n.*	physical strength, might
脸色	liǎnsè	*n.*	complexion, color of one's face
量	liáng	*v.*	measure, meter
门诊	ménzhěn	*n.*	outpatient service
内科	nèikē	*n.*	(department of) internal medicine
神经	shénjīng	*n.*	nerve
输血	shū xiě	*v.*	blood transfusion
体温	tǐwēn	*n.*	body temperature
透视	tòushì	*v.*	examine by X-ray
外科	wàikē	*n.*	surgical department
X光	X-guāng	*n.*	X-ray

看病

Seeing a doctor

西医	xīyī	*n.*	Western medicine
小便	xiǎobiàn	*n.*	urine, piss, pee
血	xiě	*n.*	blood
心电图	xīndiàntú	*n.*	cardiograph, electrocardiogram
心跳	xīn tiào	*v.*	heartbeat
血压	xuèyā	*n.*	blood pressure
眼	yǎn	*n.*	eye
验血	yàn xiě	*v.*	test the blood
药	yào	*n.*	medicine, drug
医院	yīyuàn	*n.*	hospital
中医	zhōngyī	*n.*	traditional Chinese medicine
住院	zhù yuàn	*v.*	be in hospital, be hospitalized
住院部	zhùyuànbù	*n.*	inpatient department

5.1 Yīngwén fānyì 英文翻译 English Version

Chant 1

Chinese medicine, Western medicine, inpatient department, emergency department, outpatient service and sickrooms.

Internal medicine, surgical department and neurology; orthopedics, pediatrics, gynecology and obstetrics.

ENT and ophthalmology; epidemiology and stomatology.

Taking blood pressure and checking body temperature; drawing blood and blood testing laboratory.

ECG, ultrasonic wave and X-ray.

Register, pay fees and pick up medicine; get an injection, take the medicine and receive a blood transfusion.

Conversation

A: You don't look well, Zhang.

B: No, I feel weak all over.

A: You'd better go to see a doctor.

B: I have had a check-up a couple of days before.

A: What do the results say?

B: There's nothing wrong with the stool and urine. But my heartbeats are a bit abnormal.

A: The heart is the most important part of the body.

B: That's true.

A: You should take more rest.

Lesson Two 第二课

Wǒ juéde bù shūfu
我觉得不舒服
I'm not feeling well

5.2 Kèwén 课文 Text

5.2-1

Chant 2

Nǐ juéde zěnmeyàng? Wǒ juéde bù shūfu.
你 觉得 怎么样? 我 觉得 不 舒服。

Nǐ juéde zěnmeyàng? Wǒ juéde dùzi téng.
你 觉得 怎么样? 我 觉得 肚子 疼。

Qǐng nǐ xiān guà hào, qǐng nǐ tián bìngkǎ.
请 你 先 挂 号, 请 你 填 病卡。

Gěi nǐ liáng tǐwēn, gěi nǐ zuò jiǎnchá.
给 你 量 体温, 给 你 作 检查。

Qǐng nǐ gàosu wǒ, nǎlǐ bù shūfu?
请 你 告诉 我, 哪里 不 舒服?

Gěi nǐ hàohao mài, ràng wǒ kàn shétāi.
给 你 号号 脉, 让 我 看 舌苔。

Pà lěng、dǎ pēntì, bù xiǎng chī dōngxi;
怕 冷、打 喷嚏, 不 想 吃 东西;

késou、lā dùzi, húnshēn méi lìqi.
咳嗽、拉 肚子, 浑身 没 力气。

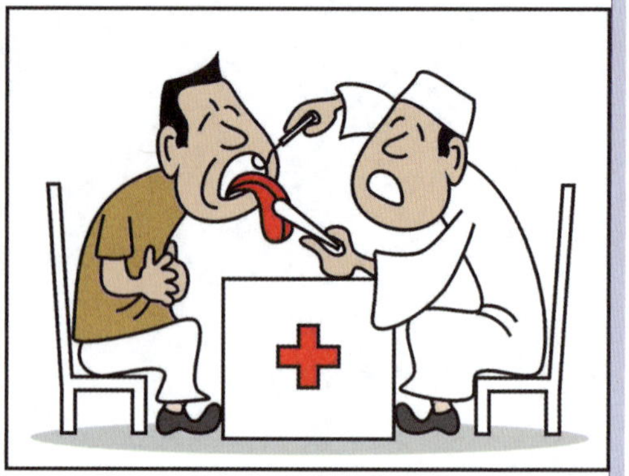

5.2 Huìhuà 会话 Conversation

5.2-2

Zuìjìn zěnme lǎo méi jiàn Xiǎo Lǐ a?
A：最近怎么老没见小李啊？

Biétí le. Niánjì qīngqīng jiù déle áizhèng, zhù yuàn le.
B：别提了。年纪轻轻就得了癌症，住院了。

Á? Tā dé de shì shénme ái?
A：啊？他得的是什么癌？

Tā dé de shì wèi ái.
B：他得的是胃癌。

Tā zìjǐ zhīdao ma?
A：他自己知道吗？

Méi gǎn gàosu tā, jiā li rén duì tā shuō shì wèikuìyáng.
B：没敢告诉他，家里人对他说是胃溃疡。

Wèi shénme bù gàosu tā ne?
A：为什么不告诉他呢？

Pà tā jīngshòu bu zhù, suǒyǐ mánzhe tā.
B：怕他经受不住，所以瞒着他。

Dòng shǒushù le ma?
A：动手术了吗？

Shàng ge xīngqī kāile dāo, xiànzài hái yào jìnxíng huàliáo.
B：上个星期开了刀，现在还要进行化疗。

Zhù nǎ jiā yīyuàn?
A：住哪家医院？

Shànghǎi Zhǒngliú Yīyuàn, shì yī jiā zhuānkē yīyuàn.
B：上海肿瘤医院，是一家专科医院。

Zánmen nǎ tiān qù kànkan tā ba.
A：咱们哪天去看看他吧。

5.2 Shēngcí 生词 New Words

5.2-3

癌	ái	*n.*	cancer
癌症	áizhèng	*n.*	cancer
动（手术）	dòng (shǒushù)	*v.*	perform/have (an operation or surgery)
肚子	dùzi	*n.*	abdomen, belly, stomach
号脉	hào mài	*v.*	feel the pulse
化疗	huàliáo	*v.*	chemotherapy
经受	jīngshòu	*v.*	bear, stand, sustain
开刀	kāi dāo	*v.*	operate, be operated on
咳嗽	késou	*v.*	cough
拉肚子	lā dùzi		have loose bowels
老	lǎo	*adv.*	long, for a long time
瞒	mán	*v.*	conceal, hide the truth from
年纪	niánjì	*n.*	age
喷嚏	pēntì	*n.*	sneeze, sternutation
轻	qīng	*adj.*	small in number or degree, etc.
舌苔	shétāi	*n.*	tongue coating
手术	shǒushù	*n.*	operation, surgery
舒服	shūfu	*adj.*	comfortable
疼	téng	*adj.*	painful
胃	wèi	*n.*	stomach
胃溃疡	wèikuìyáng	*n.*	gastric ulcer
肿瘤	zhǒngliú	*n.*	tumor

住	zhù	*v.*	stay, live
专科	zhuānkē	*n.*	specialism, speciality

5.2 Yīngwén fānyì 英文翻译 English Version

Chant 2

How do you feel? I'm not feeling well.
How do you feel? I have a stomachache.
Please register first and fill in the medical record.
I will take your temperature and do a check-up.
Please tell me what's the matter.
Let me feel your pulse and have a look at the coating of your tongue.
I am afraid of the cold, I keep sneezing and I have no appetite;
I cough, I have loose bowels and I feel so weak.

Conversation

A: I haven't seen Li for a long time.
B: Well, you know, he's got cancer and is now in hospital. He is still so young.
A: What? What kind of cancer?
B: Gastric cancer.
A: Does he know?
B: No one dares to tell him. His family told him it was just a gastric ulcer.
A: Why didn't they tell him?
B: They were afraid that he couldn't take the reality.
A: Has he had an operation yet?
B: He had an operation last week and will keep taking chemo treatments.
A: Which hospital is he in?
B: Shanghai Cancer Center. It is professional in treating cancer.
A: We should go to visit him sometime.

看病
Seeing a doctor

Lesson Three 第三课

Yá téng
牙疼 Toothache

5.3 Kèwén 课文 Text

5.3-1

Chant 3

Yá téng bù shì bìng, téng qǐlai zhēn yào mìng.
牙疼不是病，疼起来真要命。

Bǔ yá、 bá yá qián, yào dǎ máyào zhēn.
补牙、拔牙前，要打麻药针。

Ràng wǒ kàn yī kàn, ràng wǒ qiáo yī qiáo.
让我看一看，让我瞧一瞧。

Nǐ yǒudiǎnr zháo liáng, nǐ yǒudiǎnr fā shāo.
你有点儿着凉，你有点儿发烧。

Gěi nǐ dǎ yī zhēn, lìngwài chī diǎnr yào.
给你打一针，另外吃点儿药。

Huí jiā shuì yī jiào, míngtiān jiù huì hǎo.
回家睡一觉，明天就会好。

5.3 Huìhuà 会话 Conversation

5.3-2

Nǐ kàn shàngqu miànsè bù hǎo.
A：你看上去面色不好。

Dǎo méi tòu le!
B：倒霉透了！

Zěnme huí shì?
A：怎么 回 事？

Wǒ déle lánwěiyán， qù kāi dāo le.
B：我 得了 阑尾炎，去 开 刀 了。

Zhè shì xiǎo shǒushù a.
A：这 是 小 手术 啊。

Shì a. Shuí zhīdao kāiguo dāo yǐhòu，shāngkǒu yīzhí fāyán.
B：是 啊。谁 知道 开过 刀 以后， 伤口 一直 发炎。

Qù jiǎnchá le ma?
A：去 检查 了 吗？

Qùle hǎo jǐ cì. Jiéguǒ，chá chūlai shì yī kuài shābù liú zài dùzi li le.
B：去了好几次。结果，查 出来 是 一 块 纱布 留 在 肚子里了。

Nà nǐ zhǐhǎo zài kāi yī cì dāo la.
A：那 你 只好 再 开 一 次 刀 啦。

Dì èr cì kāi dāo yòu chū shì le.
B：第 二 次 开 刀 又 出 事 了。

Zhè cì yòu shì zěnme huí shì ne?
A：这 次 又 是 怎么 回 事 呢？

Shābù ná chūlai le， qiánzi yòu wàng zài lǐmian le.
B：纱布 拿 出来 了，钳子 又 忘 在 里面 了。

Nǐ gāncuì gēn yīshēng shuō，zài dùzi shang zhuāng yī tiáo lāliàn ba.
A：你 干脆 跟 医生 说，在 肚子 上 装 一 条 拉链 吧。

Suǒyǐ，wǒ bèi zhēteng de shēntǐ zhème xūruò.
B：所以，我 被 折腾 得 身体 这么 虚弱。

Zhè kě shì yīliáo shìgù a!
A：这 可 是 医疗 事故 啊！

Yīncǐ， wǒ hòulái shàng fǎyuàn gàole tāmen.
B：因此，我 后来 上 法院 告了 他们。

5.3 Shēngcí 生词 New Words

5.3-3

拔	bá	*v.*	pull out, pull up, draw
补	bǔ	*v.*	mend, fill, repair
查	chá	*v.*	check, examine
出事	chū shì	*v.*	have an accident
发烧	fā shāo	*v.*	have a temperature, run a fever
发炎	fāyán	*v.*	inflammation
法院	fǎyuàn	*n.*	court, court of law
干脆	gāncuì	*adv.*	simply, just, altogether
告	gào	*v.*	sue, accuse
拉链	lāliàn	*n.*	fastener, zip, zipper
阑尾炎	lánwěiyán	*n.*	appendicitis
留	liú	*v.*	remain, stay
麻药	máyào	*n.*	anesthetic
面色	miànsè	*n.*	complexion, color of one's face
钳子	qiánzi	*n.*	pliers, pincers, forceps
纱布	shābù	*n.*	gauze
伤口	shāngkǒu	*n.*	wound, cut
上	shàng	*v.*	leave for, go to
事故	shìgù	*n.*	accident, mishap
虚弱	xūruò	*adj.*	weak, frail, in poor health
要命	yào mìng	*v.*	drive sb. to death, kill
医疗	yīliáo	*v.*	medical treatment

因此	yīncǐ	*conj.*	therefore, so
着凉	zháo liáng	*v.*	catch cold, catch a chill
折腾	zhēteng	*v.*	cause physical or mental suffering, torment

5.3 Yīngwén fānyì 英文翻译 English Version

Chant 3

Toothache is nothing serious, but when it happens, it is terribly painful.
An anesthetic injection should be used before a tooth is filled or pulled out.

Let me see. Let me have a look.
You've caught cold. You've got a temperature.

Have an injection and take some medicine.
Go home and have a sleep. Tomorrow you'll get well.

Conversation

A: You don't look good today.
B: It sucks like hell.
A: What's wrong?
B: I got appendicitis and had a surgery.
A: That's a simple operation.
B: It was. But I have been suffering from inflammation ever since.
A: Have you had a check-up?
B: Yes, several times. It turned out a piece of gauze had been left in my stomach.
A: You must have another surgery then.
B: It went wrong again.
A: What happened this time?
B: They took the gauze out and left a pair of forceps in it.
A: Why didn't they put a zip on your stomach?
B: That's why I am so weak now.
A: It was medical malpractice!
B: Yes, so I sued them.

Lesson Four 第四课

Zhù yuàn 住院 Being in hospital

5.4 Huìhuà 会话 Conversation

5.4-1

Tīngshuō nǐ jiějie zhù yuàn le?
A：听说 你 姐姐 住 院 了？

Shì a，zuótiān zhù jìnqu de.
B：是啊，昨天 住 进去 的。

Tā déle shénme bìng，zhème yánzhòng，yào zhù yuàn?
A：她 得了 什么 病，这么 严重， 要 住 院？

Tā méi dé shénme bìng.
B：她 没 得 什么 病。

Méi dé bìng qù yīyuàn gànmá? Hái yào zhù zài nàlǐ! Zhù yīyuàn bǐ zhù jiā li shūfu ma?
A：没 得 病 去 医院 干吗？还 要 住 在 那里！住 医院 比 住 家 里 舒服 吗？

Nǐ cái xǐhuan zhù yīyuàn ne!
B：你 才 喜欢 住 医院 呢！

Nà tā wèi shénme yào zhù yīyuàn ne?
A：那 她 为 什么 要 住 医院 呢？

Tā huái yùn le.
B：她 怀 孕 了。

Guàibude zhèxiē tiān hěn shǎo jiàndào tā.
A：怪不得 这些 天 很 少 见到 她。

Shì a， wǒ yào zuò jiùjiu le.
B：是啊，我 要 做 舅舅 了。

Tā shénme shíhou shēngchǎn?
A：她 什么 时候 生产？

Shēngchǎn shénme?
B：生产 什么？

Shēng háizi a.
A：生 孩子 啊。

Shēng háizi yě néng jiào shēngchǎn ma?
B：生 孩子也能叫 生产 吗？

Nǐ yǐwéi zhǐyǒu shēngchǎn chǎnpǐn cái jiào shēngchǎn na.
A：你以为只有 生产 产品 才叫 生产 哪。

Tīng wǒ jiěfu shuō hái shì shuāngbāotāi ne.
B：听 我姐夫说 还是 双胞胎 呢。

Huì bu huì shì lóngfèngtāi?
A：会 不会 是 龙凤胎？

Nà wǒ zěnme zhīdao?
B：那我 怎么 知道？

Yùchǎnqī shì nǎ tiān?
A：预产期 是哪 天？

Yùchǎnqī shì míngtiān, bù zhīdào néng bu néng shùnchǎn.
B：预产期 是 明天，不知道 能 不 能 顺产。

Yǒule hǎo xiāoxi jiù gàosu wǒ. Děng tā chū yuàn le, wǒ qù kàn tā.
A：有了好 消息就 告诉 我。等 她 出 院 了，我 去 看 她。

Hǎo. Xièxie la.
B：好。谢谢啦。

5.4 Xiǎo gùshi 小故事 Short Story

5.4-2

Dōu shì tóngyīncí rě de huò
都是同音词惹的祸 Homonyms' fault

Yǒu yī ge rén qù kàn bìng, duì yīshēng shuō: "Wǒ dùzi tòng." Yīshēng shuō:
有一个人去看病，对医生说："我肚子痛。"医生说：

"Nǐ qù guà hào, ránhòu qù yàn dà、xiǎobiàn."
"你去挂号，然后去验大、小便。"

Guòle hěn jiǔ, zhège rén yě méi huílai.
过了很久，这个人也没回来。

看病 Seeing a doctor

Yīshēng qù cèsuǒ, què fāxiàn zhège rén dūn zài dì shang kū. Yīshēng juéde
医生 去厕所，却发现这个人蹲在地上哭。医生觉得

hěn qíguài, shuō: "Wǒ bù shì jiào nǐ qù yàn dà、xiǎobiàn ma? Nǐ kū shénme?"
很奇怪，说："我不是叫你去验大、小便吗？你哭什么？"

Zhège rén shuō: "Dàifu, xiǎobiàn wǒ shì yàn le, dàbiàn shízài yàn bu
这个人说："大夫，小便我是咽了，大便实在咽不

xiàqù le."
下去了。"

5.4 Shēngcí 生词 New Words

5.4-3

产品	chǎnpǐn	*n.*	product, produce
出院	chū yuàn	*v.*	leave hospital
大夫	dàifu	*n.*	doctor
得病	dé bìng	*v.*	fall ill, contract a disease
蹲	dūn	*v.*	crouch, squat
干吗	gànmá	*pron.*	why, what for
怀孕	huái yùn	*v.*	be pregnant, conceive
祸	huò	*n.*	disaster, misfortune, trouble
姐夫	jiěfu	*n.*	brother-in-law, husband of one's elder sister
舅舅	jiùjiu	*n.*	uncle, mother's brother
看病	kàn bìng	*v.*	see a doctor
哭	kū	*v.*	cry, weep
龙凤胎	lóngfèngtāi	*n.*	boy/girl twins
惹	rě	*v.*	incur, cause, bring (sth. unpleasant)

生产	shēngchǎn	*v.*	produce; give birth to a child
实在	shízài	*adv.*	really, indeed
顺产	shùnchǎn	*v.*	easy delivery; natural labor
痛	tòng	*adj.*	painful
消息	xiāoxi	*n.*	news, information
咽	yàn	*v.*	swallow, gulp, devour
预产期	yùchǎnqī	*n.*	expected date of childbirth
做（舅舅）	zuò (jiùjiu)	*v.*	be/become (an uncle)

5.4 Yīngwén fānyì 英文翻译 English Version

Conversation

A: I was told your sister is in hospital now. Is it true?

B: Yes, since yesterday.

A: What's wrong with her? It sounds so serious.

B: Nothing wrong.

A: If not, why is she in hospital? Is it more comfortable to stay there than at home?

B: Nonsense!

A: But why is she in hospital now?

B: She is pregnant.

A: No wonder I haven't seen much of her lately.

B: Yes. I will be an uncle soon.

A: When will she produce①?

B: Produce what?

A: A baby.

B: Can babies be produced?

---

① The Chinese word "生产" can mean both "to produce" and "to give birth to a child".

A: Not only products are produced.

B: My brother-in-law said that she is having twins.

A: Boy/girl twins, maybe?

B: How could I know?

A: When is the due date?

B: Tomorrow. We don't know if she will have an easy delivery or not.

A: Please tell me when it happens. I will visit her after she comes home.

B: OK, thank you.

Short Story: Homonyms' fault

A person went to see a doctor. "I'm having a stomachache," he told the doctor. The doctor said: "Go to register first and then have your stool and urine examined."

The doctor waited for a long time but didn't see the patient come back.

The doctor walked to the toilet and found the patient crouching on the ground, crying. The doctor got confused and asked: "I told you to examine your stool and urine. Why are you crying here?"

The patient answered: "I'm sorry, doctor. I've swallowed① my pee, but not my stool. I just can't do it."

① "验" (to examine) and "咽" (to swallow) sound the same in Chinese.

Lesson Five 第五课

Fùxí (Sān gāo bìng)
复习（三高病）
Review (Triple H—hypertension, hyperglycemia and hyperlipidemia)

5.5 Huìhuà 会话 Conversation

5.5-1

Zuìjìn nǐ hǎoxiàng shòu le.
A：最近 你 好像 瘦 了。

Shì de, wǒ zài jiǎn féi. Shàng cì wǒmen
B：是 的，我 在 减 肥。上 次 我们

dānwèi ānpái quántǐ zhígōng cānjiā tǐjiǎn,
单位 安排 全体 职工 参加 体检，

yīshēng shuō wǒ "sān gāo".
医生 说 我 "三 高"。

Nǎ sān gāo?
A：哪 三 高？

Jiù shì: xuèyā gāo、xuètáng gāo、xuèzhī gāo.
B：就 是：血压 高、血糖 高、血脂 高。

Zhèxiē dōu shì lǎonián rén róngyì dé de bìng, zěnme nǐ lǎoxiōng yě dé le?
A：这些 都 是 老年 人 容易 得 的 病，怎么 你 老兄 也 得 了？

Biétí le. Yǐqián shuō: "Gémìng bù shì qǐng kè chī fàn."
B：别提了。以前 说："革命 不是 请 客 吃 饭。"

Shì a. Gémìng gōngzuò bù yào tuī lái tuī qù、ràng lái ràng qù, yào jījí zhǔdòng.
A：是啊。革命 工作 不要 推 来 推 去、让 来 让 去，要 积极 主动。

Kěshì xiànzài rénjia shuō: "Gémìng jiù shì qǐng kè chī fàn!"
B：可是 现在 人家 说："革命 就是 请 客 吃 饭！"

Zěnme jiěshì?
A：怎么 解释？

Xiànzài de zhǔyào gōngzuò shì shénme?
B：现在 的 主要 工作 是 什么？

Jīngjì jiànshè ya.
A：经济 建设 呀。

Jīngjì jiànshè jiù shì zuò shēngyi.
B：经济 建设 就是 做 生意。

Mǎmǎhūhū kěyǐ zhème shuō ba.
A：马马虎虎 可以 这么 说 吧。

Xiànzài zuò shēngyi lí bu kāi fànzhuō.
B：现在 做 生意 离不开 饭桌。

Zhè dào shì. Hěn duō shēngyi dōu shì zài fànzhuō shang tánchéng de.
A：这 倒 是。很 多 生意 都 是 在 饭桌 上 谈成 的。

Rénjia wàiguó rén yǒu gōngzuò wǔcān, jiù shì biān chī fàn biān tán gōngzuò.
B：人家 外国 人 有 工作 午餐，就是 边 吃 饭 边 谈 工作。

Wǒmen xiànzài yě yǔ shí jù jìn le.
A：我们 现在 也 与 时 俱 进 了。

Bùguò, wǒmen zhè zhǒng gōngzuò wǔcān de dàngcì yào gāo duō le.
B：不过，我们 这 种 工作 午餐 的 档次 要 高 多 了。

Zěnme ge gāo fǎ?
A：怎么 个 高 法？

Shānzhēn hǎiwèi bùyòng shuō le, hái yào hē hěn duō jiǔ.
B：山珍 海味 不用 说 了，还 要 喝 很 多 酒。

Hē de zuìxūnxūn de, zěnme tán shēngyi?
A：喝 得 醉醺醺 的，怎么 谈 生意？

Jiù shì zài nǐ hē de húlihútú de shíhou qiān hétóng.
B：就 是 在 你 喝 得 糊里糊涂 的 时候 签 合同。

Zhè zhǒng fēngqì kě bù hǎo.
A：这 种 风气 可 不 好。

Suǒyǐ, wǒ jiù wèi gémìng zuò xīshēng le!
B：所以，我 就 为 革命 作 牺牲 了！

5.5 Shēngcí 生词 New Words

5.5-2

安排	ānpái	*v.*	arrange, organize, deal with in an orderly manner
单位	dānwèi	*n.*	workplace

档次	dàngcì	*n.*	level, grade
饭桌	fànzhuō	*n.*	dining table
风气	fēngqì	*n.*	common practice, general mood, atmosphere
革命	gémìng	*v.*	revolution
合同	hétóng	*n.*	contract, agreement
糊里糊涂	húlihútú	*adj.*	muddled, silly, confused
积极	jījí	*adj.*	active, energetic, vigorous
建设	jiànshè	*v.*	build, construct
老年	lǎonián	*n.*	old age
老兄	lǎoxiōng	*n.*	brother, buddy, man, old chap
签	qiān	*v.*	sign one's name, sign
请客	qǐng kè	*v.*	invite sb. to dinner, treat sb.
全体	quántǐ	*n.*	all, entire, total
让	ràng	*v.*	give in, give up, yield, make way
山珍海味	shānzhēn hǎiwèi		delicacies from land and sea
生意	shēngyi	*n.*	business, trade
谈	tán	*v.*	talk, speak, discuss
体检	tǐjiǎn	*v.*	physical examination
推	tuī	*v.*	push away, refuse, shirk
午餐	wǔcān	*n.*	lunch
牺牲	xīshēng	*v.*	sacrifice
血糖	xuètáng	*n.*	blood sugar
血脂	xuèzhī	*n.*	blood fat

与时俱进	yǔ shí jù jìn		keep pace with the times
职工	zhígōng	*n.*	staff, worker
主要	zhǔyào	*adj.*	main, chief, principal
醉醺醺	zuìxūnxūn	*adj.*	drunk, tipsy

5.5 Yīngwén fānyì 英文翻译 English Version

Conversation

A: You look thinner recently.

B: Yes, I am trying to lose weight. The doctor said I got triple-H diseases during the physical check-up organized by my company.

A: Which three Hs?

B: High blood pressure, high blood-sugar level and high blood-fat level.

A: Those are diseases of the aged. How come you've got them?

B: Don't even start it. I was told before that "Revolution is not treating someone to a feast."

A: Right. Do not push or give away any of your work. You should take the initiative in work.

B: But now I am told that "Revolution is exactly treating someone to a feast."

A: What does that mean?

B: What is the major task of our nation currently?

A: Economic development, I think.

B: In other words, doing business.

A: If you say so.

B: Nowadays, you won't get your business done if you don't have any meal with your business partners.

A: That's true. Many deals are made at dining tables.

B: Foreigners call it a business lunch. They talk about work when having lunch together.

A: We are keeping pace with the times now.

B: But the standards of our business lunches are much higher than those of foreigners'.

A: What do you mean by "higher"?

B: Delicacies from land and sea, of course, and a lot of wine.
A: How can you talk about business when you are drunk?
B: Contracts won't be signed if we are not drunk and muddle-headed.
A: That's something really bad.
B: That's how I've sacrificed my health for the revolution.

5.5 Jiàoxué zhòngdiǎn 教学重点

- 词汇

与医药、健康有关的词语

- 句型

1. 趋向补语：V. + 趋向动词“来”“去”

	上	下	进	出	回	过	起
来	上来	下来	进来	出来	回来	过来	起来
去	上去	下去	进去	出去	回去	过去	/

2. 名量补语和动量补语
形容词 + 名量词；动词 + 动量词。

Zhùfáng
住房
HOUSING

6 UNIT 第六单元

Objectives

Upon successfully completing Unit 6, students will:

1. Vocabulary
   ★ have learned some words and expressions related to housing.

2. Grammar
   ★ have learned the sentence pattern with the word "bèi (被)" indicating passive voice:

   Eg. Bié bèi rén shuǎ le!
   别 被 人 耍 了！

   Wǒ bèi nǐmen piàn le.
   我 被 你们 骗 了。

   ★ have learned the "的" phrase:

   Eg. Nín shì zū chángqī de háishi duǎnqī de?
   您 是 租 长期 的 还是 短期 的？

   Nǐ yuánlái zhù de dìfang bù shì tǐng hǎo de ma?
   你 原来 住 的 地方 不 是 挺 好 的 吗？

   Nǐmen de zhège cùxiāo guǎnggào shì zhēnshí de ma?
   你们 的 这个 促销 广告 是 真实 的 吗？

   Shénme kuǎnshì de dōu sòng.
   什么 款式 的 都 送。

   Liáo de zuì duō de hái shì fángzi.
   聊 得 最 多 的 还 是 房子。

Lesson One 第一课

Wǒ jiā xīn fángzi
我家新房子 My new house

6.1 Kèwén 课文 Text

6.1-1

Chant 1

Wǒ jiā xīn fángzi, zhōuwéi yǒu huāyuán,
我家新房子，周围有花园，

qiánmian yóuyǒngchí, hòumian jiànshēnfáng.
前面游泳池，后面健身房。

Wǒ jiā xīn fángzi, jìn mén yǒu kètīng,
我家新房子，进门有客厅，

nánmian shì cāntīng, běimian shì shūfáng.
南面是餐厅，北面是书房。

Wǒ jiā xīn fángzi, qiánhòu yǒu yángtái,
我家新房子，前后有阳台，

dōngmian shì cèsuǒ, xīmian shì chúfáng.
东面是厕所，西面是厨房。

Wǒ jiā xīn fángzi, kètīng yǒu lóutī,
我家新房子，客厅有楼梯，

lóu shang shì wòshì, lóu xià shì chēkù.
楼上是卧室，楼下是车库。

Housing 住房

6.1 Huìhuà 会话 Conversation

6.1-2

Nǐmen shì fángchǎn zhōngjiè gōngsī ba?
A：你们 是 房产 中介 公司 吧？

Shì de. Qǐngwèn nín shì yào mǎi fáng háishi zū fáng?
B：是 的。请问 您 是 要 买 房 还是 租 房？

Wǒ yào zài zhè fùjìn zū fángzi.
A：我 要 在 这 附近 租 房子。

Nín dǎsuan zū duō dà de fángzi?
B：您 打算 租 多 大 的 房子？

Dàgài yībǎi píngfāngmǐ zuǒyòu，yǒu liǎng jiān wòshì，zuìhǎo yǒu liǎng ge wèishēngjiān.
A：大概 一百 平方米 左右，有 两 间 卧室，最好 有 两 个 卫生间。

Nín shì zū chángqī de háishi duǎnqī de?
B：您 是 租 长期 的 还是 短期 的？

Dàgài yī nián ba. Yěxǔ hái yào yáncháng.
A：大概 一 年 吧。也许 还 要 延长。

Wǒ hé fángdōng liánxì yīxià kàn fáng de shíjiān.
B：我 和 房东 联系 一下 看 房 的 时间。

Zuìhǎo zài shuāngxiūrì，wǒ yǒu kòng.
A：最好 在 双休日，我 有 空。

Hǎo de. Rúguǒ kàn le nín juéde héshì，
B：好 的。如果 看 了 您 觉得 合适，

jiù xiān fù dìngjīn.
就 先 付 定金。

Kěyǐ. Yào qiān hétóng ma?
A：可以。要 签 合同 吗？

Dāngrán yào qiān hétóng. Fángzū shì fù
B：当然 要 签 合同。房租 是 付

sān yā yī.
三 押 一。

"Fù sān yā yī" shì shénme yìsi?
A: "付三押一"是什么意思?

Jiù shì àn yī ge yuè de fángzū jiāo yājīn, měi cì fù sān ge yuè de fángzū.
B: 就是按一个月的房租交押金，每次付三个月的房租。

6.1 Shēngcí 生词 New Words

6.1-3

餐厅	cāntīng	*n.*	dining room, dining hall, restaurant
长期	chángqī	*adj.*	long-term
车库	chēkù	*n.*	garage
定金	dìngjīn	*n.*	deposit, down payment, earnest money
短期	duǎnqī	*adj.*	short-term
房产	fángchǎn	*n.*	real estate
房东	fángdōng	*n.*	landlady/landlord, owner and lessor of a house or room
附近	fùjìn	*n.*	nearby, neighboring, close to, in the vicinity of
合适	héshì	*adj.*	acceptable, suitable, fit, proper
花园	huāyuán	*n.*	garden
健身房	jiànshēnfáng	*n.*	gymnasium, gym
进门	jìn mén	*v.*	go in, enter the door
联系	liánxì	*v.*	contact, get in touch with
楼上	lóu shang		upstairs
楼梯	lóutī	*n.*	stairs, stairway
平方米	píngfāngmǐ	*m.*	square meter
前后	qiánhòu	*n.*	in front and behind

Housing 住房

书房	shūfáng	*n.*	study (room), reading room at home
双休日	shuāngxiūrì	*n.*	two-day weekend
卫生间	wèishēngjiān	*n.*	toilet, restroom, bathroom
卧室	wòshì	*n.*	bedroom
押	yā	*v.*	mortgage, pledge
押金	yājīn	*n.*	cash pledge, deposit
延长	yáncháng	*v.*	extend, prolong
阳台	yángtái	*n.*	balcony
也许	yěxǔ	*adv.*	perhaps, maybe
游泳池	yóuyǒngchí	*n.*	swimming pool
中介	zhōngjiè	*n.*	agency, mediator, intermediary
周围	zhōuwéi	*n.*	surrounding
租	zū	*v.*	rent, hire, lease, charter
左右	zuǒyòu	*n.*	about, approximately

6.1 Yīngwén fānyì 英文翻译 English Version

Chant 1

My new house has a big garden around it.
There is a swimming pool in front of it and a gym behind it.

The moment you enter my new house, you see the living room.
The dining room is in the south and the study in the north.

My new house has balconies at the front and the back.
The bathroom is in the east and the kitchen in the west.

My new house has stairs in the living room.

The bedrooms are upstairs and the garage is downstairs.

Conversation

A: Are you a real estate agency?

B: Yes. May I ask if you are planning to buy or rent a house?

A: I'd like to rent an apartment around this area.

B: Which size apartment are you planning to rent?

A: About 100 square meters, with two bedrooms, and if possible, two bathrooms.

B: For a long time or short time?

A: About one year, maybe longer.

B: I will talk to the landlord to schedule a visit to the apartment.

A: It would be better if it is during the weekend when I'm free.

B: I see. If you are satisfied with the apartment, you need to pay the deposit first.

A: Okay. Are we going to sign a contract?

B: Of course. You will pay for "Three Months Plus One".

A: What do you mean by "Three Months Plus One"?

B: It means you will put a one-month rent as the deposit and will pay three months' rent each time.

Lesson Two 第二课

Gōngyù
公寓 My apartment

6.2 Kèwén 课文 Text

6.2-1

Chant 2

Wǒ jiā zhù gōngyù, wǒ zhù shíbā lóu.
我家住公寓，我住十八楼。

Sān shì jiā yī tīng, zūjīn bù tài guì.
三室加一厅，租金不太贵。

Zhōngjiān shì kètīng, liǎngbiān shì wòshì.
中间是客厅，两边是卧室。

Cháo nán shì yángtái, cháo běi shì shūfáng.
朝南是阳台，朝北是书房。

Xīmian yǒu chúfáng, méiqìzào hé shuǐlóngtóu.
西面有厨房，煤气灶和水龙头。

Dōngmian yǒu cèsuǒ, chōushuǐ mǎtǒng、línyùqì.
东面有厕所，抽水马桶、淋浴器。

Xiǎoqū nèi yǒu pēnshuǐchí, xiǎoqū wài yǒu tíngchēchǎng.
小区内有喷水池，小区外有停车场。

6.2 Huìhuà 会话 Conversation

6.2-2

Xiǎo Lǐ, zhè shì wǒ de xīn dìzhǐ.
A：小李，这是我的新地址。

Nǐ bān jiā la? Nǐ yuánlái zhù de dìfang bù shì tǐng hǎo de ma?
B：你搬家啦？你原来住的地方不是挺好的吗？

Yuánlái nàlǐ shì shāngyè zhōngxīn, mǎi dōngxi tǐng fāngbiàn, jiù shì rén tài duō, tài chǎo le.
A：原来那里是商业中心，买东西挺方便，就是人太多，太吵了。

Xiànzài nǐ zhù de dìfang yě hái shì shì zhōngxīn a.
B：现在你住的地方也还是市中心啊。

Bùguò, gēn shāngyè zhōngxīn géle liǎng tiáo mǎlù, ānjìng duō le.
A：不过，跟商业中心隔了两条马路，安静多了。

Zhè fángzi shì gāo céng ma?
B：这房子是高层吗？

Suàn xiǎo gāo céng, yīgòng shí'èr lóu, wǒ zhù wǔ lóu.
A：算小高层，一共12楼，我住5楼。

Lóucéng dīle diǎnr, rúguǒ zài bā lóu yǐshàng jiù gèng ānjìng le.
B：楼层低了点儿，如果在8楼以上就更安静了。

Lóucéng yuè gāo, jiàqián yuè guè.
A：楼层越高，价钱越贵。

Xiànzài nǐ de zūjīn shì duōshao?
B：现在你的租金是多少？

Měi yuè wǔqiānbā.
A：每月五千八。

Duōshao píngfāng?
B: 多少　平方？

Yībǎi'èrshíbā píngfāngmǐ. Sān shì liǎng tīng liǎng wèi.
A: 128　平方米。三室两厅两卫。

6.2 Shēngcí 生词 New Words

6.2-3

安静	ānjìng	*adj.*	quiet, noiseless
层	céng	*m.*	floor, story
朝	cháo	*prep.*	towards, facing
吵	chǎo	*adj.*	noisy
抽水马桶	chōushuǐ mǎtǒng		flush toilet, water closet
隔	gé	*v.*	separate, be at a distance, be at an interval
公寓	gōngyù	*n.*	apartment, flat
价钱	jiàqián	*n.*	price
淋浴器	línyùqì	*n.*	shower, shower set
煤气灶	méiqìzào	*n.*	gas range, gas cooker, gas stove
喷水池	pēnshuǐchí	*n.*	fountain, artificial fountain
商业	shāngyè	*n.*	business, commerce, trade
水龙头	shuǐlóngtóu	*n.*	tap, faucet
算	suàn	*v.*	consider, regard as, count as
停车场	tíngchēchǎng	*n.*	car park, parking lot
卫	wèi	*n.*	(*short for* "卫生间") restroom, bathroom
小区	xiǎoqū	*n.*	housing estate, residential subdivision
中心	zhōngxīn	*n.*	center

6.2 Yīngwén fānyì 英文翻译 English Version

Chant 2

I live in an apartment. It is on the 18th floor.
It has three bedrooms and a living room. The rent is not quite expensive.

The living room is in the middle, and the bedrooms are on its two sides.
The balcony faces the south and the study faces the north.

On the west is the kitchen, where there is a gas stove and water tap.
On the east is the bathroom, where there is a flush toilet and shower set.

We have a fountain in our neighborhood and a parking lot outside it.

Conversation

A: Hey, Li, this is my new address.

B: You have moved? I thought your original place was good enough.

A: That place is located in a shopping center. It is convenient for shopping, but it's too noisy there.

B: Your new place is still in the downtown.

A: Yes, but it's two blocks away from the shopping center and is much quieter.

B: Is the building a high-rise?

A: A sub-high-rise, I think. It has 12 floors and I live on the 5th floor.

B: It is a little bit low. It would be even quieter if you live on the 8th floor or above.

A: The higher, the more expensive.

B: How much is your rent?

A: 5,800 *yuan* per month.

B: How big is your apartment?

A: It is 128 square meters, with three bedrooms, two halls (meaning a living room and a dining room) and two bathrooms.

Lesson Three 第三课

Zhuāngxiū hé fēngshuǐ 装修和风水 Home decor and feng shui

6.3 Huìhuà 会话 Conversation

6.3-1

Tīngshuō nǐ qiáoqiān le. Gōngxǐ! Gōngxǐ!
A：听说 你 乔迁 了。恭喜！恭喜！

Zhēteng sǐ le. Jiàoxùn shēnkè a!
B：折腾 死 了。教训 深刻 啊！

Bān jiā me, zǒng shì hěn máng、hěn lèi de, yóuqí shì zhuāngxiū.
A：搬 家 么，总 是 很 忙、很 累 的，尤其 是 装修。

Jiù shì zhuāngxiū de wèntí, wǒ fǎn gōng le.
B：就 是 装修 的 问题，我 返 工 了。

Zěnme le? Zhìliàng yǒu wèntí?
A：怎么 了？质量 有 问题？

Bù wánquán shì zhìliàng wèntí, shì chéngxù wèntí.
B：不 完全 是 质量 问题，是 程序 问题。

Shénme chéngxù chū wèntí le ne?
A：什么 程序 出 问题 了 呢？

Wǒ zhuāngxiū wán, qǐng péngyou lái jiā li jùhuì. Yī ge péngyou shuō, zuìhǎo qǐng fēngshuǐ xiānsheng lái kànkan.
B：我 装修 完，请 朋友 来 家 里 聚会。一 个 朋友 说，最好 请 风水 先生 来 看看。

Nǐ zhēn qǐng fēngshuǐ xiānsheng lái kàn le? Tā zěnme shuō?
A：你 真 请 风水 先生 来 看 了？他 怎么 说？

Jiéguǒ, fēngshuǐ xiānsheng shuō, wǒ jiā de zhuāngxiū chōng le cáiyùn.
B：结果，风水 先生 说，我 家 的 装修 冲 了 财运。

Nǐ xìn ma?
A：你 信 吗？

Wǒ shì nìngkě xìn qí yǒu, bùkě xìn qí wú.
B：我是宁可信其有，不可信其无。

Jiéguǒ ne?
A：结果呢？

Jiéguǒ, wǒ zhǐhǎo chóngxīn zhuāngxiū.
B：结果，我只好重新装修。

Tōngguò zhè cì bān jiā, nǐ kěshì dédàole hěn duō jīngyàn.
A：通过这次搬家，你可是得到了很多经验。

Zuì zhòngyào de yī tiáo shì: zhuāngxiū qián yào xiān qǐng fēngshuǐ xiānsheng bǎ guān.
B：最重要的一条是：装修前要先请风水先生把关。

Bié bèi rén shuǎ le! Wǒ bù xìn nàme duō, wǒ zhǐyào zìjǐ kànzhe xǐhuan jiù xíng.
A：别被人耍了！我不信那么多，我只要自己看着喜欢就行。

6.3 Shēngcí 生词 New Words

6.3-2

把关	bǎ guān	*v.*	check on, maintain a strict standard
财运	cáiyùn	*n.*	luck in money matters
程序	chéngxù	*n.*	sequence, order, procedure
冲	chōng	*v.*	clash, collide
返工	fǎn gōng	*v.*	redo one's job, do poorly-done work over again
风水	fēngshuǐ	*n.*	geomancy, feng shui
恭喜	gōngxǐ	*v.*	congratulate
教训	jiàoxùn	*n.*	lesson, moral
经验	jīngyàn	*n.*	experience
聚会	jùhuì	*v.*	get together, have a party
可是	kěshì	*adv.*	(*used for emphasis*) indeed, really
宁可	nìngkě	*adv.*	would rather
乔迁	qiáoqiān	*v.*	move to a better place

深刻	shēnkè	*adj.*	deep, profound
耍	shuǎ	*v.*	juggle, play with, fool
信	xìn	*v.*	believe, trust
装修	zhuāngxiū	*v.*	fit up or decorate (a house, etc.)

6.3 Yīngwén fānyì 英文翻译 English Version

Conversation

A: I heard you've moved. Congratulations!

B: It was exhausting. I've learned a lesson.

A: Moving is always demanding and tiring, especially the decoration.

B: Exactly about the decoration. I had the work done again.

A: What's the matter? Any quality problems?

B: Not exactly. It is a process problem.

A: What's wrong with the process?

B: After the decoration is completed, I invited some friends over for a house-warming party. One of them said I should invite a feng shui consultant to have a check.

A: So you actually invited one? What did he say?

B: He said that the decor was against my fortune.

A: Did you buy it?

B: I would rather believe it to be true than not.

A: So what happened later?

B: I had to redecorate the house.

A: You gained so much experience this time.

B: The most important thing is you have to consult a feng shui expert before the decoration.

A: Don't be fooled. I don't believe that kind of things. The only thing that matters is whether I like it or not.

Lesson Four 第四课

Mǎi fángzi, sòng jiājù
买房子，送家具
Buy an apartment and get furniture free

6.4 Huìhuà 会话 Conversation

6.4-1

Nǐmen shì Chéngxìn Fángdìchǎn Gōngsī ma?
A：你们 是 诚信 房地产 公司 吗？

Duì. Wǒmen cónglái bù nòng xū zuò jiǎ, suǒyǐ jiào "Chéngxìn".
B：对。我们 从来 不 弄 虚 作 假，所以 叫 "诚信"。

Nà nǐmen de zhège cùxiāo guǎnggào yě shì zhēnshí de ma?
A：那 你们 的 这个 促销 广告 也是 真实 的 吗？

Dāngrán. Wǒmen wèile cùjìn xiāoshòu, zhuānmén tuīchūle "mǎi fángzi, sòng jiājù" de huódòng.
B：当然。我们 为了 促进 销售，专门 推出了 "买 房子，送 家具" 的 活动。

Mǎi shénme fángzi, yǒu tiáojiàn xiànzhì ma?
A：买 什么 房子，有 条件 限制 吗？

Méiyǒu, bùguǎn mǎi shénme fángzi, yě bùguǎn mǎi duō dà de fángzi, wǒmen dōu sòng jiājù.
B：没有，不管 买 什么 房子，也 不管 买 多 大的 房子，我们 都 送 家具。

Nàme, sòng de jiājù yǒu shénme guīdìng ma?
A：那么，送 的 家具 有 什么 规定 吗？

Méiyǒu guīdìng, shénme kuǎnshì de dōu sòng.
B：没有 规定，什么 款式 的 都 送。

Rúguǒ wǒ mǎi zuì xiǎo、zuì piányi de fángzi, yào zuì guì de jiājù, nǐmen yě sòng ma?
A：如果 我 买 最 小、最 便宜 的 房子，要 最 贵 的 家具，你们 也 送 吗？

Sòng! Wǒmen jiǎng de jiù shì chéngxìn.
B：送！我们 讲 的 就 是 诚信。

Hǎo. Wǒ mǎi zhè tào fángzi.
A：好。我 买 这 套 房子。

Fángzi de mǎi mài hétóng qiānhǎo le.
（房子的买卖合同 签好 了。）

Nín de jiājù ne? Wǒmen bāng nín sòng.
B：您的家具呢？我们 帮 您 送。

Wǒ de jiājù nǐmen hái méi sòng gěi wǒ ne!
A：我的家具你们还没 送 给我呢！

Wǒmen bù shì sòng gěi nín jiājù, shì gěi
B：我们 不是 送 给 您家具，是给

nín sòng jiājù, jiù shì miǎn fèi bānyùn jiājù.
您 送家具，就是免 费 搬运 家具。

Nǐmen zěnme zhème jiěshì ne?
A：你们 怎么 这么解释 呢？

Nín méi kàn zhè guǎnggào xiàmian de zì ma? "Běn gōngsī bǎoliú cǐ huódòng de
B：您 没 看 这 广告 下面 的字吗？"本 公司 保留 此 活动 的

zuìzhōng jiěshì quán."
最终 解释 权。"

Zuìhòu wǒ háishi bèi nǐmen piàn le.
A：最后 我 还是被 你们 骗 了。

6.4 生词 Shēngcí New Words

6.4-2

搬运	bānyùn	*v.*	carry, transport
保留	bǎoliú	*v.*	keep, hold, reserve
不管	bùguǎn	*conj.*	no matter (what, how, etc.), regardless of
诚信	chéngxìn	*adj.*	honest, faithful
此	cǐ	*pron.*	this
促进	cùjìn	*v.*	promote, advance
促销	cùxiāo	*v.*	promote sales

房地产	fángdìchǎn	*n.*	real estate
广告	guǎnggào	*n.*	advertising, advertisement
规定	guīdìng	*n.*	stipulate, prescribe, specify
家具	jiājù	*n.*	furniture
款式	kuǎnshì	*n.*	style, pattern, design
免费	miǎn fèi	*v.*	be free of charge
弄虚作假	nòng xū zuò jiǎ		resort to deception, practice fraud
骗	piàn	*v.*	deceive, fool
权	quán	*n.*	power, authority, right
什么	shénme	*pron.*	what; any, every
套	tào	*m.*	set, suite
条件	tiáojiàn	*n.*	requirement, prerequisite, qualification
推出	tuīchū	*v.*	release, push forward, come up with
限制	xiànzhì	*v.*	limit, restrict, confine
销售	xiāoshòu	*v.*	sell, market
真实	zhēnshí	*adj.*	true, real, authentic
专门	zhuānmén	*adv.*	specially, for a particular purpose
最终	zuìzhōng	*n.*	final, ultimate

6.4 Yīngwén fānyì 英文翻译 English Version

Conversation

A: Are you Honesty Real Estate Corporation?

B: Yes. We never lie, so we are called "Honesty".

A: Is this advertisement true?

B: Of course. In order to improve our sales, we've come up with this special promotion: "Buy an apartment and get furniture free".

A: Are there any specifications on the apartment to be bought?

B: No. No matter what kind of apartment you buy or how big it is, you get furniture free anyway.

A: So any specifications on the furniture?

B: No. Any type.

A: If I buy the smallest and cheapest apartment but want the most expensive furniture, can I still get the furniture free?

B: Yes! We are honest and do what we've promised.

A: OK, I will buy this apartment.

(The contract of sale has been signed.)

B: Where is your furniture? We'll transport it for you.

A: You haven't given any to me yet!

B: We don't give you furniture for free but deliver① furniture for free.

A: How could you say that?

B: Have you noticed the words on the bottom of the ad? We reserve the rights of final interpretation of this promotion.

A: You've fooled me after all.

---

① The Chinese word "送" can mean both "to give as a gift" and "to send/deliver".

Lesson Five 第五课

Fùxí (Mǎi mài hétóng)
复习（买卖合同） Review (Contract of sale)

6.5 Huìhuà 会话 1 Conversation

6.5-1

Wǒmen mǎi de biéshù hé hétóng shang xiě de bù yīzhì.
A：我们 买的别墅和合同 上 写的不一致。

Nǎlǐ bù fúhé hétóng de tiáokuǎn ne?
B：哪里不符合合同的条款呢？

Hétóng dì wǔ tiáo shang shuō xiǎoqū nèi yǒu xiǎo hú，zěnme méi kànjiàn?
A：合同第五条上说小区内有小湖，怎么没看见？

Zài dìxià，jīngguò kēxué kāntàn，xiǎoqū de dì dǐxia yǒu yī ge dìxià hú.
B：在地下，经过科学勘探，小区的地底下有一个地下湖。

Dì bā tiáo shuō xiǎoqū fùjìn yǒu yuánshǐ sēnlín.
A：第八条说小区附近有原始森林。

Nǐ kàn nàbiān shì shénme?
B：你看那边是什么？

Nàbiān xiàng nóngtián，yòu xiàng càidì.
A：那边像农田，又像菜地。

Méi kànjiàn xiǎo shùmiáo ma?
B：没看见小树苗吗？

Shì yǒu jǐ kē.
A：是有几棵。

Nàlǐ yuánlái shì sēnlín，hòulái shù lǎosǐ le，xiànzài shì tāmen de hòudài.
B：那里原来是森林，后来树老死了，现在是它们的后代。

6.5 Shēngcí 生词 1 New Words

6.5-2

别墅	biéshù	*n.*	villa
菜地	càidì	*n.*	vegetable field

底下	dǐxia	*n.*	under, below, beneath
符合	fúhé	*v.*	accord with, tally with, conform to
后代	hòudài	*n.*	posterity, offspring
勘探	kāntàn	*v.*	explore, prospect
农田	nóngtián	*n.*	farmland, cultivated land
森林	sēnlín	*n.*	forest
树苗	shùmiáo	*n.*	seedling, sapling
条款	tiáokuǎn	*n.*	(*legal*) clause, item, term, article, provision
一致	yīzhì	*adj.*	in accord, consistent
原始	yuánshǐ	*adj.*	primeval, primitive

6.5 Huìhuà 会话 Conversation 2

6.5-3

Jùhuì 聚会 At a get-together

(Jǐ ge lǎo tóngxué jù zài yīqǐ, liáo de zuì duō de hái shì fángzi.)
(几个老同学聚在一起，聊得最多的还是房子。)

Zhāng Sān: Fángzi zhǐ shì gāngjīn shuǐní zuò de, zhèxiē cáiliào fēnsàn mài dehuà, piányi de bùdéliǎo, wèi shénme duī zài yīqǐ jiù biàn de nàme zhíqián?
张三：房子只是钢筋水泥做的，这些材料分散卖的话，便宜得不得了，为什么堆在一起就变得那么值钱？

Lǐ Sì: Rén shì ròu hé línghún zuò de, àn dàolǐ shuō zuì zhēnguì; kěshì xiànzài, zhème diǎnr píngfāng què jǐ nàme duō rén, jiù shì bù zhíqián, wèi shá ne?
李四：人是肉和灵魂做的，按道理说最珍贵；可是现在，这么点儿平方却挤那么多人，就是不值钱，为啥呢？

Wáng Wǔ: Zuòrén yīnggāi qīngsōng yīdiǎnr, bù jiù liǎng-sānwàn yī píngfāng de zhùfáng ma?
王五：做人应该轻松一点儿，不就两三万一平方的住房吗？

Tīngshuō sǐ rén de mùdì a, sān píngfāng yǐjīng màidào èrshí duō wàn le. Yào
听说死人的墓地啊，三平方已经卖到二十多万了。要

zhīzú a, sǐle zhīhòu, nàge zhùfáng yālì gèng dà ne!
知足啊，死了之后，那个住房压力更大呢！

Zhào Liù: Shuí ràng dàjiā dōu fēi yào jǐ zài chéng li! Qù biānjiāng, qù shānqū, yī zhī
赵六：谁让大家都非要挤在城里！去边疆，去山区，一只

lǎohǔ de dìpán jiù yǒu liǎngbǎi píngfāng gōnglǐ, rén bǐ lǎohǔ lìhai, kěyǐ
老虎的地盘就有两百平方公里，人比老虎厉害，可以

zhàn de gèng dà!
占得更大！

Zhāng Sān: Yǒu qǐfā! Wǒmen qù shān li zhǎo ge shāndòng zhù, bùyòng jiāo fángzū, yě
张三：有启发！我们去山里找个山洞住，不用交房租，也

bùyòng jiāo wùyè.
不用交物业。

Lǐ Sì: Érqiě, dōng nuǎn xià liáng, jiénéng huánbǎo.
李四：而且，冬暖夏凉，节能环保。

Wáng Wǔ: Zài kāifā chéng lǚyóuqū, ràng biéren lái cānguān, wǒmen shōu ménpiào.
王五：再开发成旅游区，让别人来参观，我们收门票。

Zhào Liù: Bǎ shāndòng gǎichéng dùjiàcūn huòzhě bīnguǎn, wǒmen shōu fángqián.
赵六：把山洞改成度假村或者宾馆，我们收房钱。

Zhāng Sān: Zhè xià dàjiā dōu fā cái le. Nàme, wǒmen juédìng shénme shíhou dòng shǒu?
张三：这下大家都发财了。那么，我们决定什么时候动手？

(Dàjiā nǐ kànkan wǒ, wǒ kànkan nǐ, dōu méi zuòshēng.)
（大家你看看我，我看看你，都没作声。）

6.5 Shēngcí 生词 2 New Words

6.5-4

边疆	biānjiāng	*n.*	border area, frontier
不得了	bùdéliǎo	*adj.*	extreme, very
材料	cáiliào	*n.*	material

住房 Housing

地盘	dìpán	*n.*	territory under one's control, domain, zone
冬暖夏凉	dōng nuǎn xià liáng		warm in winter and cool in summer
度假村	dùjiàcūn	*n.*	holiday village
发财	fā cái	*v.*	become rich
房钱	fángqián	*n.*	house or room rent, rent
房租	fángzū	*n*	house or room rent, rent
非要	fēi yào		insist on (doing sth.)
分散	fēnsàn	*v.*	separate, disperse, scatter
钢筋	gāngjīn	*n.*	reinforcing steel bar
环保	huánbǎo	*adj.*	environment-friendly
节能	jiénéng	*v.*	save energy
聚	jù	*v.*	assemble, gather, get together
决定	juédìng	*v.*	decide, make up one's mind
开发	kāifā	*v.*	exploit, develop, open up
聊	liáo	*v.*	talk, chat
灵魂	línghún	*n.*	soul, spirit
门票	ménpiào	*n.*	admission ticket
墓地	mùdì	*n.*	cemetery, graveyard
平方	píngfāng	*m.*	square
启发	qǐfā	*v.*	inspire, enlighten
轻松	qīngsōng	*adj.*	relaxed
区	qū	*n.*	area, region, district
啥	shá	*pron.*	(*dialectal*) what
山洞	shāndòng	*n.*	cave

山区	shānqū	*n.*	mountainous area
水泥	shuǐní	*n.*	cement
死人	sǐ rén		dead person
物业	wùyè	*n.*	property management; property management fees
压力	yālì	*n.*	pressure, stress
占	zhàn	*v.*	occupy, seize, take
这下（子）	zhè xià(zi)		hence, as a result
珍贵	zhēnguì	*adj.*	precious, valuable
之后	zhīhòu	*n.*	afterwards, later
知足	zhīzú	*adj.*	content with what one has
值钱	zhíqián	*adj.*	worth much, valuable
住房	zhùfáng	*n.*	housing, accommodation
作声	zuòshēng	*v.*	make a sound, utter a word

6.5 Yīngwén fānyì 英文翻译 English Version

Conversation 1

A: The villa we've bought is not the same as what is written on the contract.

B: What differences are there?

A: The 5th item on the contract says there is a small lake in the residential neighborhood, but I can't see it anywhere.

B: It's underground. A scientific survey shows there is an underground lake here.

A: The 8th item says there is a virgin forest around.

B: Look over there! What do you see?

A: A farmland, or a vegetable plot maybe.

B: Don't you see the baby trees?

A: A few, yes.

B: There was a forest in the past. But the old trees died. What you have seen are their babies.

Conversation 2: At a get-together

(Several old friends are gathering together. What they talk about most is housing.)

Zhang San: Houses are built with steel and cement. If these materials are sold separately, they are very cheap. Why do they become so expensive when they are put together?

Li Si: Human body is made up of flesh and soul. It should be the most valuable. But now, so many people squeeze in such small rooms. In fact, human is cheap. Why?

Wang Wu: Take it easy. It is only 20-30 thousand *yuan* per square meter for a house. I've heard that it would cost over 200 thousand *yuan* to buy a piece of plot of 3 square meters in a cemetery! We should be happy with what we have. After we die, we will be under much more pressure for housing!

Zhao Liu: Why does everyone have to squeeze in a crowded city? We can live in the border area, or mountainous area. A tiger may live in an area as big as about 200 square kilometers. Human beings are much more powerful than tigers; we should be able to have much bigger space.

Zhang San: Good idea. Let's go to the mountain and find a cave to live in. Then we don't need to pay any rent or management fees.

Li Si: And it is warm in winter and cool in summer in a cave. It is energy-saving and environment-friendly.

Wang Wu: If we develop the caves to a tourist resort and open it to visitors, we can charge them for entrance fees.

Zhao Liu: Or we can change the caves into a holiday village or hotel and rent the rooms out.

Zhang San: Then we'll all become rich. OK, when shall me start?

(They looked at each other, and no one said anything.)

6.5 Jiàoxué zhòngdiǎn 教学重点

- 词汇

与建筑、居住环境有关的词语

- 句型

1. “被”字句

2. “的”字结构

您是租长期的还是短期的?
你原来住的地方不是挺好的吗?
你们的这个促销广告是真实的吗?
什么款式的都送。
聊得最多的还是房子。

词类简称表

1.	*n.*	......	*noun*	(名词)
2.	*pron.*	......	*pronoun*	(代词)
3.	*v.*	......	*verb*	(动词)
4.	*modal v.*	......	*modal verb*	(情态动词)
5.	*adj.*	......	*adjective*	(形容词)
6.	*adv.*	......	*adverb*	(副词)
7.	*conj.*	......	*conjunction*	(连词)
8.	*prep.*	......	*preposition*	(介词)
9.	*num.*	......	*numeral*	(数词)
10.	*m.*	......	*measure word*	(量词)
11.	*part.*	......	*particle*	(助词)
12.	*inter.*	......	*interjection*	(叹词)
13.	*pref.*	......	*prefix*	(词头)
14.	*suf.*	......	*suffix*	(词尾)
15.	*ono.*	......	*onomatopoeia*	(象声词)
16.	*p.n.*	......	*proper name*	(专有名词)

A

癌	ái	*n.*	cancer	5.2
癌症	áizhèng	*n.*	cancer	5.2
安放	ānfàng	*v.*	lay, place, put in a certain place	3.2
安检	ānjiǎn	*v.*	security check	3.3
安静	ānjìng	*adj.*	quiet, noiseless	6.2
安排	ānpái	*v.*	arrange, organize, deal with in an orderly manner	5.5
安全	ānquán	*adj.*	safe	2.2
安全带	ānquándài	*n.*	seat belt	2.2
安装	ānzhuāng	*v.*	install, fix	4.3
按	àn	*v.*	press, push down	3.3
按钮	ànniǔ	*n.*	push button	3.3
按照	ànzhào	*prep.*	according to	2.5

B

八成	bāchéng	*adv.*	eighty percent, most probably	4.2
拔	bá	*v.*	pull out, pull up, draw	5.3
把关	bǎ guān	*v.*	check on, maintain a strict standard	6.3
百分之	bǎi fēn zhī		%, percent	1.3
班车	bānchē	*n.*	regular bus, shuttle bus	3.3
斑马线	bānmǎxiàn	*n.*	zebra crossing	2.3
搬运	bānyùn	*v.*	carry, transport	6.4
板	bǎn	*n.*	board, plank	3.2
办理	bànlǐ	*v.*	handle, deal with	2.2
办事	bàn shì	*v.*	handle affairs, work	3.5
帮忙	bāng máng	*v.*	help, give a hand	3.5
宝贵	bǎoguì	*adj.*	valuable, precious	3.3
保存	bǎocún	*v.*	save, keep, preserve	4.1
保管	bǎoguǎn	*v.*	keep, take care of	3.5
保护	bǎohù	*v.*	protect, safeguard	2.3
保留	bǎoliú	*v.*	keep, hold, reserve	6.4
保养	bǎoyǎng	*v.*	take good care of (one's health), maintain	3.4
保障	bǎozhàng	*v.*	ensure, guarantee, safeguard	3.2
暴风雨	bàofēngyǔ	*n.*	storm	1.4
爆	bào	*v.*	explode, burst	3.5
备有	bèiyǒu	*v.*	have in stock, be available	3.3

被	bèi	*prep.*	*used in a passive sentence to introduce the agent or doer*	4.3
奔跑	bēnpǎo	*v.*	run	3.5
本	běn	*pron.*	this	1.3
本来	běnlái	*adv.*	originally, at first	1.1
鼻	bí	*n.*	nose	5.1
比喻	bǐyù	*v.*	metaphor, analogy, simile, figure of speech	4.5
鄙人	bǐrén	*n.*	(*term of modesty*) I, me	4.5
必	bì	*adv.*	certainly, surely	2.3
毕竟	bìjìng	*adv.*	after all, in the final analysis	4.3
弊	bì	*n.*	disadvantage, harm	4.3
边	biān	*n.*	side	3.1
边疆	biānjiāng	*n.*	border area, frontier	6.5
编辑	biānjí	*v.*	edit	4.3
蝙蝠	biānfú	*n.*	bat	4.5
标准	biāozhǔn	*adj.*	standard, normal	4.4
飙车	biāochē	*v.*	drive wildly	2.3
表示	biǎoshì	*v.*	express, mean	1.5
别墅	biéshù	*n.*	villa	6.5
别提	biétí	*v.*	stop mentioning sth.	2.5
病毒	bìngdú	*n.*	virus	4.1
病房	bìngfáng	*n.*	sickroom, ward of a hospital	5.1
播	bō	*v.*	broadcast, spread	1.3
播报	bōbào	*v.*	broadcast, report	1.3
博客	bókè	*n.*	blog, weblog	4.5
补	bǔ	*v.*	mend, fill, repair	5.3
补充	bǔchōng	*v.*	replenish, supplement, add	3.3
捕鱼	bǔ yú		catch fish	4.5
不得了	bùdéliǎo	*adj.*	extreme, very	6.5
不断	bùduàn	*adv.*	continuously, unceasingly	3.3
不管	bùguǎn	*conj.*	no matter (what, how, etc.), regardless of	6.4
不见得	bùjiàndé	*adv.*	not necessarily, may not	3.4
不仅	bùjǐn	*conj.*	not only	2.3
不一定	bù yīdìng		not always, not necessarily	1.2
步伐	bùfá	*n.*	step, footstep, pace	4.4
部分	bùfen	*n.*	part, section	1.5

C

材料	cáiliào	*n.*	material	6.5
财运	cáiyùn	*n.*	luck in money matters	6.3
彩虹	cǎihóng	*n.*	rainbow	1.1
菜地	càidì	*n.*	vegetable field	6.5
餐食	cānshí	*n.*	meal, food	3.3
餐厅	cāntīng	*n.*	dining room, dining hall, restaurant	6.1
惨	cǎn	*adj.*	miserable, tragic	4.3
舱	cāng	*n.*	cabin (of a ship or an aeroplane)	2.1
测	cè	*v.*	measure, survey	5.1
层	céng	*m.*	floor, story	6.2
差别	chābié	*n.*	difference	2.5
茶水	cháshuǐ	*n.*	tea	3.3
查	chá	*v.*	check, examine	5.3
查找	cházhǎo	*v.*	seek, look for	4.3
拆	chāi	*v.*	pull down, dismantle, remove	2.5
产品	chǎnpǐn	*n.*	product, produce	5.4
长江	Cháng Jiāng	*p.n.*	Yangtze River, the longest river in China	1.2
长期	chángqī	*adj.*	long-term	6.1
长途	chángtú	*adj.*	long-distance	2.4
唱机	chàngjī	*n.*	phonograph, gramophone	3.2
超人	chāorén	*n.*	superman	4.5
超声波	chāoshēngbō	*n.*	ultrasonic wave, supersonic wave	5.1
朝	cháo	*prep.*	towards, facing	6.2
潮湿	cháoshī	*adj.*	wet, humid	1.2
吵	chǎo	*adj.*	noisy	6.2
车祸	chēhuò	*n.*	traffic accident	2.3
车库	chēkù	*n.*	garage	6.1
成年	chéngnián	*v.*	grow up, become an adult	4.2
成语	chéngyǔ	*n.*	idiom, set phrase	4.4
诚信	chéngxìn	*adj.*	honest, faithful	6.4
城	chéng	*n.*	city, town	3.1
乘客	chéngkè	*n.*	passenger	2.4
乘务员	chéngwùyuán	*n.*	steward/stewardess, attendant on a train or plane	3.2
乘坐/乘	chéngzuò/chéng	*v.*	ride (in a vehicle), take (a vehicle)	2.4
程序	chéngxù	*n.*	sequence, order, procedure	6.3
惩罚	chéngfá	*v.*	punish, penalize	2.3

吃不消	chībuxiāo	*v.*	be unable to bear or stand	3.4
冲	chōng	*v.*	clash, collide	6.3
充分	chōngfèn	*adj.*	full, abundant, ample	3.4
重新	chóngxīn	*adv.*	again, afresh	4.2
重装	chóng zhuāng		reinstall	4.3
抽	chōu	*v.*	draw, pump	2.2
抽水马桶	chōushuǐ mǎtǒng		flush toilet, water closet	6.2
出发	chūfā	*v.*	depart, set out, start off	2.2
出海	chū hǎi	*v.*	put out to sea, go to sea	4.4
出来	chūlai	*v.*	*used after a verb to indicate a motion from inside to outside*, come out	1.1
出门	chū mén	*v.*	go out, leave home, travel	2.1
出事	chū shì	*v.*	have an accident	5.3
出现	chūxiàn	*v.*	appear	1.4
出行	chūxíng	*v.*	go out, travel	2.4
出院	chū yuàn	*v.*	leave hospital	5.4
除了	chúle	*prep.*	except, besides	4.4
处于	chǔyú	*v.*	be in (a certain condition)	3.4
处	chù	*n.*	place, location, office	3.4
传染	chuánrǎn	*v.*	infect, be contagious	4.3
窗（户）	chuāng(hu)	*n.*	window	3.1
闯祸	chuǎng huò	*v.*	cause trouble, bring disaster	2.3
春	chūn	*n.*	spring	1.2
此	cǐ	*pron.*	this	6.4
次	cì	*n.*	(*indicating sequence*) number, No.	2.1
次数	cìshù	*n.*	number of times, frequency	4.4
聪明	cōngming	*adj.*	clever, intelligent	4.5
促进	cùjìn	*v.*	promote, advance	6.4
促销	cùxiāo	*v.*	promote sales	6.4
错	cuò	*v.*	alternate, stagger, avoid	2.4

D

打工	dǎ gōng	*v.*	do a temporary job	2.4
打呼噜	dǎ hūlu		snore	3.5
打开	dǎkāi	*v.*	open, unfold	1.2
打雷	dǎ léi	*v.*	thunder	1.1
打雪仗	dǎ xuězhàng		have a snowball fight	1.1

打印	dǎyìn	*v.*	print	4.1
打印机	dǎyìnjī	*n.*	printer	4.1
打鱼	dǎ yú		go fishing, fish	4.4
打针	dǎ zhēn	*v.*	give/have an injection	5.1
大便	dàbiàn	*n.*	excrement, feces, stool	5.1
大地	dàdì	*n.*	earth, land	3.2
大约	dàyuē	*adv.*	about, approximately	2.4
大夫	dàifu	*n.*	doctor	5.4
单程	dānchéng	*n.*	one way	2.1
单位	dānwèi	*n.*	workplace	5.5
当心	dāngxīn	*v.*	look out, be careful	2.4
当中	dāngzhōng	*n.*	among, in the middle	1.2
档次	dàngcì	*n.*	level, grade	5.5
导航	dǎoháng	*v.*	navigate, pilot	3.2
倒霉	dǎo méi	*adj.*	unlucky, out of luck	2.5
到达	dàodá	*v.*	arrive, reach	2.2
倒（是）	dào(shì)	*adv.*	*used for sth. unexpected*	2.5
道	dào	*v.*	say, speak, talk	4.4
道理	dàolǐ	*n.*	reason, principle	2.3
道路	dàolù	*n.*	road, way, path	2.4
得病	dé bìng	*v.*	fall ill, contract a disease	5.4
……的话	......dehuà	*part.*	(*used at the end of a hypothetical clause*) if	2.5
得	děi	*v.*	need, have to	1.3
灯光	dēngguāng	*n.*	lamplight	3.4
登机牌	dēngjīpái	*n.*	boarding pass	2.2
等于	děngyú	*v.*	equal, be equivalent to	1.5
底下	dǐxia	*n.*	under, below, beneath	6.5
地	dì	*n.*	earth, land, ground	3.2
地面	dìmiàn	*n.*	earth's surface, ground	3.4
地盘	dìpán	*n.*	territory under one's control, domain, zone	6.5
地区	dìqū	*n.*	area, region	1.4
地图	dìtú	*n.*	map	1.2
地震	dìzhèn	*n.*	earthquake	1.4
地址	dìzhǐ	*n.*	address	2.5
电视台	diànshìtái	*n.*	TV station	1.3
电台	diàntái	*n.*	radio station	1.3
电子	diànzǐ	*n.*	electron	3.2
掉	diào	*v.*	drop, fall	1.1
订	dìng	*v.*	book (a seat, ticket, etc.)	3.1

定金	dìngjīn	*n.*	deposit, down payment, earnest money	6.1
丢失	diūshī	*v.*	lose	4.3
东航	Dōngháng	*p.n.*	China Eastern Airlines	2.1
冬	dōng	*n.*	winter	1.2
冬暖夏凉	dōng nuǎn xià liáng		warm in winter and cool in summer	6.5
动（手术）	dòng (shǒushù)	*v.*	perform/have (an operation or surgery)	5.2
栋	dòng	*m.*	*measure word for buildings*	3.1
毒	dú	*n.*	virus	4.2
堵	dǔ	*v.*	stop up, block	2.1
堵车	dǔ chē	*v.*	have a traffic jam	2.1
肚子	dùzi	*n.*	abdomen, belly, stomach	5.2
度假村	dùjiàcūn	*n.*	holiday village	6.5
短期	duǎnqī	*adj.*	short-term	6.1
段	duàn	*m.*	*used to indicate time or distance*	3.3
堆	duī	*v.*	heap, pile, stack	1.1
对……来说	duì……lái shuō		for, to, as far as...is concerned	3.4
蹲	dūn	*v.*	crouch, squat	5.4

E

儿	ér	*n.*	child, baby	5.1
儿科	érkē	*n.*	(department of) pediatrics	5.1
而	ér	*conj.*	and, and that, and then	4.5
耳	ěr	*n.*	ear	5.1

F

发	fā	*v.*	set out, depart	2.3
发财	fā cái	*v.*	become rich	6.5
发霉	fā méi	*v.*	become mildewed, go moldy	1.4
发烧	fā shāo	*v.*	have a temperature, run a fever	5.3
发现	fāxiàn	*v.*	discover, find	1.4
发炎	fāyán	*v.*	inflammation	5.3
发展	fāzhǎn	*v.*	develop, advance	2.4
法院	fǎyuàn	*n.*	court, court of law	5.3
反应	fǎnyìng	*n.*	reaction, response	3.4

返工	fǎn gōng	*v.*	redo one's job, do poorly-done work over again	6.3
饭桌	fànzhuō	*n.*	dining table	5.5
方法	fāngfǎ	*n.*	method, way	4.5
方向	fāngxiàng	*n.*	direction	2.4
防火墙	fánghuǒqiáng	*n.*	firewall	4.3
防止	fángzhǐ	*v.*	prevent, avoid	4.1
房产	fángchǎn	*n.*	real estate	6.1
房地产	fángdìchǎn	*n.*	real estate	6.4
房东	fángdōng	*n.*	landlady/landlord, owner and lessor of a house or room	6.1
房钱	fángqián	*n.*	house or room rent, rent	6.5
房租	fángzū	*n*	house or room rent, rent	6.5
飞	fēi	*v.*	fly	1.1
飞行	fēixíng	*v.*	fly	3.2
非要	fēi yào		insist on (doing sth.)	6.5
费	fèi	*v.*	cost, spend	3.3
分散	fēnsàn	*v.*	separate, disperse, scatter	6.5
纷纷	fēnfēn	*adj.*	(of sth. falling down) numerous and disordered	1.3
粉丝	fěnsī	*n.*	fan, admirer	4.5
份	fèn	*m.*	copy	4.1
风	fēng	*n.*	wind	1.1
风景	fēngjǐng	*n.*	scenery, landscape, view	2.3
风浪	fēnglàng	*n.*	stormy waves, storm	4.4
风力	fēnglì	*n.*	wind force	1.3
风气	fēngqì	*n.*	common practice, general mood, atmosphere	5.5
风水	fēngshuǐ	*n.*	geomancy, feng shui	6.3
风筝	fēngzheng	*n.*	kite	1.1
峰	fēng	*n.*	peak, summit, apex	2.4
否则	fǒuzé	*conj.*	or, otherwise	2.1
扶手	fúshǒu	*n.*	handrail, armrest	2.4
符合	fúhé	*v.*	accord with, tally with, conform to	6.5
幅	fú	*m.*	*measure word for pictures*	3.1
妇产科	fùchǎnkē	*n.*	(department of) gynecology and obstetrics	5.1
附近	fùjìn	*n.*	nearby, neighboring, close to, in the vicinity of	6.1

G

干脆	gāncuì	*adv.*	simply, just, altogether	5.3

干燥	gānzào	*adj.*	dry, arid	1.2
赶	gǎn	*v.*	hurry, try to catch, rush for	2.1
赶不上	gǎn bu shàng		cannot catch up with	2.1
赶紧	gǎnjǐn	*adv.*	immediately, hurriedly	2.1
赶快	gǎnkuài	*adv.*	hurriedly, quickly	2.1
敢	gǎn	*v.*	dare	3.4
感慨	gǎnkǎi	*v.*	sigh with emotion or regret	4.4
感冒	gǎnmào	*v.*	catch a cold	1.3
干活儿	gàn huór	*v.*	work, work on a job	4.3
干吗	gànmá	*pron.*	why, what for	5.4
刚	gāng	*adv.*	just now, just, just a moment ago	2.4
刚才	gāngcái	*n.*	just now, a short moment ago	1.4
钢筋	gāngjīn	*n.*	reinforcing steel bar	6.5
港口	gǎngkǒu	*n.*	harbor, port	2.4
高速	gāosù	*adj.*	high-speed	2.4
高原	gāoyuán	*n.*	plateau, highland, tableland	3.4
搞错	gǎocuò		make a mistake	2.5
告	gào	*v.*	sue, accuse	5.3
告别	gàobié	*v.*	leave, part from, say goodbye to	2.4
告诉	gàosu	*v.*	tell, let know	3.1
革命	gémìng	*v.*	revolution	5.5
阁下	géxià	*n.*	(*respectful term of address*) you, sir	4.5
隔	gé	*v.*	separate, be at a distance, be at an interval	6.2
个人	gèrén	*n.*	individual person	3.4
各	gè	*pron.*	all, every	1.2
各种各样	gè zhǒng gè yàng		various, all sorts of	4.3
跟	gēn	*prep.*	(*introducing the recipient of an action*) with, to, from	3.4
工具	gōngjù	*n.*	tool, instrument, means	2.4
公里	gōnglǐ	*m.*	kilometer	2.4
公路	gōnglù	*n.*	highway, road	2.4
公司	gōngsī	*n.*	company, firm	3.1
公寓	gōngyù	*n.*	apartment, flat	6.2
功能	gōngnéng	*n.*	function, use	4.1
供	gōng	*v.*	supply; for (the use or convenience of)	3.3
恭喜	gōngxǐ	*v.*	congratulate	6.3
估计	gūjì	*v.*	estimate, reckon	2.2
骨	gǔ	*n.*	bone	5.1
骨科	gǔkē	*n.*	(department of) orthopedics	5.1

故乡	gùxiāng	*n.*	hometown, native place	2.4
刮	guā	*v.*	(of wind) blow	1.1
挂号	guà hào	*v.*	register (at a hospital)	5.1
怪	guài	*adj.*	strange, queer	1.4
怪不得	guàibude	*adv.*	no wonder	1.2
关闭	guānbì	*v.*	close, shut down, turn off	3.4
关机	guān jī	*v.*	turn off a cell phone or computer	4.2
关系	guānxi	*n.*	relationship, connection	3.4
关于	guānyú	*prep.*	about, with regard to	4.5
观点	guāndiǎn	*n.*	point of view, standpoint	4.5
光	guāng	*adv.*	only, merely	4.5
光盘	guāngpán	*n.*	optical disk	4.1
光驱	guāngqū	*n.*	optical disk drive	4.1
广播	guǎngbō	*v.*	broadcast	2.2
广告	guǎnggào	*n.*	advertising, advertisement	6.4
规定	guīdìng	*n.*	stipulate, prescribe, specify	6.4
规范	guīfàn	*adj.*	standard, normal	4.2
规则	guīzé	*n.*	rule, regulation	2.3
轨道	guǐdào	*n.*	railway, track	2.5
柜台	guìtái	*n.*	counter, desk	3.4
国际	guójì	*adj.*	international	3.3
国内	guónèi	*adj.*	domestic	3.3
过程	guòchéng	*n.*	course, process	3.2
过节	guò jié	*v.*	celebrate or spend a festival	2.4
过年	guò nián	*v.*	celebrate or spend the New Year	2.4
过去	guòqù	*n.*	(in the) past	1.4

H

海	hǎi	*n.*	sea	3.1
海拔	hǎibá	*n.*	altitude, elevation, height above sea level	3.4
海边	hǎibiān	*n.*	seaside	3.1
海关	hǎiguān	*n.*	customs, custom house	2.2
海滩	hǎitān	*n.*	beach	1.1
海啸	hǎixiào	*n.*	tsunami	1.4
海洋	hǎiyáng	*n.*	ocean, sea	1.2
寒冷	hánlěng	*adj.*	cold, frigid	1.2

寒流	hánliú	*n.*	cold snap, cold current	1.2
汉语拼音	Hànyǔ pīnyīn		*pinyin*, Chinese phonetic system	2.5
旱灾	hànzāi	*n.*	drought	1.4
航程	hángchéng	*n.*	voyage, distance traveled	3.2
好处	hǎochù	*n.*	benefit, advantage	4.3
好像	hǎoxiàng	*adv.*	be like, seem like	1.5
号脉	hào mài	*v.*	feel the pulse	5.2
合适	héshì	*adj.*	acceptable, suitable, fit, proper	6.1
合同	hétóng	*n.*	contract, agreement	5.5
核对	héduì	*v.*	check, collate, examine	3.1
黑客	hēikè	*n.*	hacker	4.2
狠狠	hěnhěn	*adv.*	resolutely, firmly, ruthlessly	2.3
喉	hóu	*n.*	throat, larynx	5.1
后代	hòudài	*n.*	posterity, offspring	6.5
后门	hòumén	*n.*	back door	2.4
候机室	hòujīshì	*n.*	airport lounge, airport waiting room	3.4
呼叫	hūjiào	*v.*	call, shout, call out	3.3
忽然	hūrán	*adv.*	suddenly	1.4
蝴蝶	húdié	*n.*	butterfly	1.1
糊里糊涂	húlihútú	*adj.*	muddled, silly, confused	5.5
护照	hùzhào	*n.*	passport	3.1
花园	huāyuán	*n.*	garden	6.1
滑行	huáxíng	*v.*	(of an aircraft) taxi	3.4
化疗	huàliáo	*v.*	chemotherapy	5.2
化验	huàyàn	*v.*	assay, make a laboratory test	5.1
怀孕	huái yùn	*v.*	be pregnant, conceive	5.4
环保	huánbǎo	*adj.*	environment-friendly	6.5
黄河	Huáng Hé	*p.n.*	Yellow River, the second-longest river in China	1.2
黄山	Huáng Shān	*p.n.*	Huangshan Mountain	2.3
回收站	huíshōuzhàn	*n.*	recycle bin	4.2
会	huì	*v.*	meet, see; will	2.5
浑身	húnshēn	*n.*	from head to foot, all over	5.1
火车	huǒchē	*n.*	train	2.1
火车站	huǒchēzhàn	*n.*	railway station	2.1
火灾	huǒzāi	*n.*	fire (as a disaster)	1.4
祸	huò	*n.*	disaster, misfortune, trouble	5.4

J

机舱	jīcāng	*n.*	passenger compartment, cabin	3.2
积极	jījí	*adj.*	active, energetic, vigorous	5.5
激光	jīguāng	*n.*	laser	3.2
及	jí	*conj.*	and	3.2
及时	jíshí	*adj.*	timely, in time	3.2
级	jí	*m.*	level, rank, grade	1.3
急诊	jízhěn	*n.*	emergency call, emergency treatment	5.1
计算机	jìsuànjī	*n.*	computer	4.3
（记）牢	(jì)láo	*adj.*	(remember) well, firm, fast, durable	2.2
系	jì	*v.*	tie, fasten	2.2
加强	jiāqiáng	*v.*	reinforce, strengthen	3.4
加油	jiā yóu	*v.*	make an all-out effort	2.5
家具	jiājù	*n.*	furniture	6.4
家乡	jiāxiāng	*n.*	hometown	2.4
价格	jiàgé	*n.*	price	3.1
价钱	jiàqián	*n.*	price	6.2
架	jià	*n.*	frame, rack, shelf	3.2
间	jiān	*m.*	*measure word for rooms*	3.1
检查	jiǎnchá	*v.*	examine, check, inspect	2.2
检票	jiǎn piào	*v.*	examine/check the ticket	2.2
检票口	jiǎnpiàokǒu	*n.*	ticket barrier	2.2
简单	jiǎndān	*adj.*	simple, easy	4.2
简直	jiǎnzhí	*adv.*	simply, really, at all	4.3
建	jiàn	*v.*	build, construct	2.5
建设	jiànshè	*v.*	build, construct	5.5
建筑	jiànzhù	*n.*	building	2.5
健身房	jiànshēnfáng	*n.*	gymnasium, gym	6.1
键盘	jiànpán	*n.*	keyboard	4.1
将	jiāng	*adv./prep.*	will, be about to; *used to introduce the object before a verb*	3.3
讲	jiǎng	*v.*	say, speak, tell, talk	2.3
降落	jiàngluò	*v.*	descend, land	2.2
交友	jiāoyǒu	*v.*	make friends	4.2
郊区	jiāoqū	*n.*	suburbs, outskirts	2.4
缴费	jiǎo fèi		pay a fee	5.1
叫醒	jiàoxǐng		wake (sb.) up	3.3

较	jiào	*adv.*	comparatively, relatively, rather	1.2
教训	jiàoxùn	*n.*	lesson, moral	6.3
教养	jiàoyǎng	*n.*	breeding, upbringing, education	2.3
教育	jiàoyù	*v.*	teach, educate	2.3
接	jiē	*v.*	meet, pick up, welcome	2.2
接收	jiēshōu	*v.*	receive, accept	3.2
街	jiē	*n.*	street	3.1
节假日	jiéjiàrì	*n.*	festivals and holidays	2.4
节目	jiémù	*n.*	program, item (on a program)	1.3
节能	jiénéng	*v.*	save energy	6.5
结	jié	*v.*	tie, knit, knot, weave	4.5
结果	jiéguǒ	*conj.*	as a result	2.5
结束	jiéshù	*v.*	finish, be over, end	1.3
竭诚	jiéchéng	*adv.*	whole-heartedly, with all one's heart	3.2
姐夫	jiěfu	*n.*	brother-in-law, husband of one's elder sister	5.4
解开	jiěkāi	*v.*	unbutton, undo, unfasten	3.4
解释	jiěshì	*v.*	explain, make clear	4.4
尽早	jǐnzǎo	*adv.*	as early/soon as possible	3.5
紧	jǐn	*adj.*	close, pressing, urgent	4.4
进门	jìn mén	*v.*	go in, enter the door	6.1
进行	jìnxíng	*v.*	carry on, carry out, conduct	3.2
禁烟	jìn yān		forbid smoking	3.2
经受	jīngshòu	*v.*	bear, stand, sustain	5.2
经验	jīngyàn	*n.*	experience	6.3
敬请	jìng qǐng		(*respectfully*) please	3.3
舅舅	jiùjiu	*n.*	uncle, mother's brother	5.4
局部	júbù	*n.*	part, locality	1.5
距离	jùlí	*n.*	distance	3.2
聚	jù	*v.*	assemble, gather, get together	6.5
聚会	jùhuì	*v.*	get together, have a party	6.3
聚拢	jùlǒng	*v.*	gather, get together	1.1
决定	juédìng	*v.*	decide, make up one's mind	6.5
菌	jūn	*n.*	bacterium, fungus	1.4

K

卡	kǎ	*n.*	card	2.4

开刀	kāi dāo	*v.*	operate, be operated on	5.2
开发	kāifā	*v.*	exploit, develop, open up	6.5
开关	kāiguān	*n.*	switch	3.3
开机	kāi jī	*v.*	turn on a cell phone or computer	4.2
开玩笑	kāi wánxiào		crack a joke, make fun of	1.5
开心	kāixīn	*adj.*	glad, happy	1.2
勘探	kāntàn	*v.*	explore, prospect	6.5
看病	kàn bìng	*v.*	see a doctor	5.4
靠背	kàobèi	*n.*	back (of a chair)	3.2
科	kē	*n.*	branch, subject, section, department	5.1
咳嗽	késou	*v.*	cough	5.2
可可西里	Kěkěxīlǐ	*p.n.*	Kekexili, an isolated region in the northwestern part of the Qinghai-Tibet Plateau in China	3.4
可是	kěshì	*adv.*	(*used for emphasis*) indeed, really	6.3
渴	kě	*adj.*	thirsty	1.2
刻录	kèlù	*v.*	copy, record, write down	4.1
刻录机	kèlùjī	*n.*	CD burner, CD recorder	4.1
客舱	kècāng	*n.*	cabin	3.2
空气	kōngqì	*n.*	air	1.4
空调	kōngtiáo	*n.*	air conditioner	2.4
口袋	kǒudài	*n.*	pocket	3.3
口腔	kǒuqiāng	*n.*	oral cavity	5.1
哭	kū	*v.*	cry, weep	5.4
款式	kuǎnshì	*n.*	style, pattern, design	6.4
狂风	kuángfēng	*n.*	gale	1.4
亏	kuī	*v.*	(*used to show irony*) it's funny/ridiculous that...	3.5

L

拉	lā	*v.*	pull, draw, lug	2.4
拉肚子	lā dùzi		have loose bowels	5.2
拉链	lāliàn	*n.*	fastener, zip, zipper	5.3
来不及	láibují	*v.*	it's too late, there's not enough time (to do sth.)	2.1
来得及	láidejí	*v.*	be able to do sth. in time, there's still time (to do sth.)	2.1
阑尾炎	lánwěiyán	*n.*	appendicitis	5.3
缆车	lǎnchē	*n.*	cable car	2.3

懒惰	lǎnduò	*adj.*	lazy	4.4
老	lǎo	*adv.*	long, for a long time	5.2
老家	lǎojiā	*n.*	old home, native place	2.4
老年	lǎonián	*n.*	old age	5.5
老兄	lǎoxiōng	*n.*	brother, buddy, man, old chap	5.5
雷阵雨	léizhènyǔ	*n.*	thunder shower	1.3
累	lèi	*adj.*	tired, weary	1.2
离	lí	*v.*	be away from	2.3
离开	líkāi	*v.*	leave, depart	3.3
礼貌	lǐmào	*n.*	civility, courtesy, manners	2.3
力气	lìqi	*n.*	physical strength, might	5.1
厉害	lìhai	*adj.*	terrible, serious	2.1
立刻	lìkè	*adv.*	at once, immediately	4.1
利	lì	*n.*	benefit, profit	4.3
联系	liánxì	*v.*	contact, get in touch with	6.1
脸色	liǎnsè	*n.*	complexion, color of one's face	5.1
凉快	liángkuai	*adj.*	nice and cool	1.2
量	liáng	*v.*	measure, meter	5.1
亮晶晶	liàngjīngjīng	*adj.*	glittering, shining	3.3
聊	liáo	*v.*	talk, chat	6.5
聊天儿	liáo tiānr	*v.*	chat	1.5
列车	lièchē	*n.*	train	2.3
临	lín	*v.*	face, be close to	4.5
淋浴器	línyùqì	*n.*	shower, shower set	6.2
灵魂	línghún	*n.*	soul, spirit	6.5
领取	lǐngqǔ	*v.*	draw, get, claim	3.4
浏览	liúlǎn	*v.*	look through, browse	4.5
留	liú	*v.*	remain, stay	5.3
留下	liúxià	*v.*	leave, leave behind	3.3
流浪	liúlàng	*v.*	rove, wander, lead a vagrant life	4.5
龙凤胎	lóngfèngtāi	*n.*	boy/girl twins	5.4
龙卷风	lóngjuǎnfēng	*n.*	tornado	1.4
隆隆	lónglóng	*ono.*	(*sound of thunder*) rumble, boom	1.3
弄	lòng	*n.*	lane, alley	3.1
楼上	lóu shang		upstairs	6.1
楼梯	lóutī	*n.*	stairs, stairway	6.1
楼下	lóu xià		downstairs	2.2
露	lù	*v.*	show, reveal	1.1
旅客	lǚkè	*n.*	traveler, passenger	2.2

旅途	lǚtú	*n.*	trip, journey	3.3
略	lüè	*adv.*	a little, slightly	3.1
轮船	lúnchuán	*n.*	steamboat, steamship, ship	2.4

M

麻药	máyào	*n.*	anesthetic	5.3
码头	mǎtóu	*n.*	wharf, dock, shipside	2.4
瞒	mán	*v.*	conceal, hide the truth from	5.2
猫	māo	*n.*	cat	4.5
毛	máo	*n.*	hair, mildew, mold	1.4
毛病	máobìng	*n.*	defect, fault, trouble	4.3
毛衣	máoyī	*n.*	sweater	1.3
梅雨	méiyǔ	*n.*	plum rain, intermittent drizzles (during the rainy season in the middle and lower reaches of the Yangtze River)	1.4
梅子	méizi	*n.*	plum	1.4
煤气灶	méiqìzào	*n.*	gas range, gas cooker, gas stove	6.2
霉	méi	*v./n.*	become mildewed, go moldy; mildew, mold	1.4
霉菌	méijūn	*n.*	mildew, mold	1.4
美差	měi chāi		nice job, nice mission	2.3
门票	ménpiào	*n.*	admission ticket	6.5
门诊	ménzhěn	*n.*	outpatient service	5.1
迷糊	míhu	*adj.*	dazed, confused, muddled	3.5
迷路	mí lù	*v.*	lose one's way	2.5
米	mǐ	*m.*	meter	3.2
密码	mìmǎ	*n.*	password, secret code	4.1
免费	miǎn fèi	*v.*	be free of charge	6.4
面	miàn	*m.*	*measure word for flat things like walls, flags and mirrors*	3.1
面色	miànsè	*n.*	complexion, color of one's face	5.3
陌生	mòshēng	*adj.*	unfamiliar, strange	2.5
墓地	mùdì	*n.*	cemetery, graveyard	6.5

N

那样	nàyàng	*pron.*	like that, that way	1.5

奶酪	nǎilào	*n.*	cheese	1.4
难怪	nánguài	*adv.*	no wonder	1.5
脑子	nǎozi	*n.*	brain	4.4
闹	nào	*v.*	make a noise, be rowdy	1.1
闹钟	nàozhōng	*n.*	alarm clock	3.5
内	nèi	*n.*	inside	2.4
内科	nèikē	*n.*	(department of) internal medicine	5.1
能	néng	*v.*	can, be able to, may	1.5
泥石流	níshíliú	*n.*	mudslide	1.4
年纪	niánjì	*n.*	age	5.2
年头	niántóu	*n.*	days, times	4.4
宁可	nìngkě	*adv.*	would rather	6.3
农田	nóngtián	*n.*	farmland, cultivated land	6.5
弄	nòng	*v.*	get, fetch	4.5
弄虚作假	nòng xū zuò jiǎ		resort to deception, practice fraud	6.4
女士	nǚshì	*n.*	lady, madam	3.2

O

呕吐	ǒutù	*v.*	vomit	3.4

P

陪	péi	*v.*	accompany, keep sb. company	1.1
配	pèi	*v.*	mix, match, find sth. to fit or replace sth. else	4.1
配合	pèihé	*v.*	cooperate, coordinate	2.2
配件	pèijiàn	*n.*	fitting, accessory part	4.1
喷水池	pēnshuǐchí	*n.*	fountain, artificial fountain	6.2
喷嚏	pēntì	*n.*	sneeze, sternutation	5.2
偏	piān	*v.*	lean to one side, slant	1.3
骗	piàn	*v.*	deceive, fool	6.4
票	piào	*n.*	ticket	2.1
频道	píndào	*n.*	channel	1.3
平方	píngfāng	*m.*	square	6.5
平方米	píngfāngmǐ	*m.*	square meter	6.1
平均	píngjūn	*v.*	average	3.2
屏幕	píngmù	*n.*	screen	2.2
破坏	pòhuài	*v.*	destroy, damage	4.3

Q

期间	qījiān	*n.*	period, course	3.3
奇怪	qíguài	*adj.*	strange, surprising, odd	2.5
启动	qǐdòng	*v.*	start (a machine), turn on, switch on	4.2
启发	qǐfā	*v.*	inspire, enlighten	6.5
起	qǐ	*v.*	appear, happen	1.4
起步	qǐbù	*v.*	start to go, set off	2.4
起飞	qǐfēi	*v.*	(of an aircraft, etc.) take off	2.2
起来	qǐlai	*v.*	*used after a verb or an adjective to indicate the commencement and continuation of an action or a state*	1.1
起码	qǐmǎ	*adj.*	elementary, minimum	2.3
气候	qìhòu	*n.*	climate	1.2
气温	qìwēn	*n.*	air temperature	1.2
气象	qìxiàng	*n.*	meteorology	1.3
汽车	qìchē	*n.*	automobile, auto	2.3
签	qiān	*v.*	sign one's name, sign	5.5
（前）部	(qián)bù	*n.*	(front) part	3.3
前后	qiánhòu	*n.*	in front and behind	6.1
钳子	qiánzi	*n.*	pliers, pincers, forceps	5.3
强	qiáng	*adj.*	better, stronger	4.4
乔迁	qiáoqiān	*v.*	move to a better place	6.3
桥	qiáo	*n.*	bridge	2.3
亲友	qīnyǒu	*n.*	relatives and friends	3.5
勤劳	qínláo	*adj.*	diligent, hard-working	4.4
青海	Qīnghǎi	*p.n.*	Qinghai Province of China	3.4
青年	qīngnián	*n.*	young people, youth	2.3
青蛙	qīngwā	*n.*	frog	1.1
轻	qīng	*adj.*	small in number or degree, etc.	5.2
轻松	qīngsōng	*adj.*	relaxed	6.5
清单	qīngdān	*n.*	list of items, catalog	4.1
清洁袋	qīngjié dài		vomit (or sick) bag	3.3
蜻蜓	qīngtíng	*n.*	dragonfly	1.1
情况	qíngkuàng	*n.*	situation, circumstance	1.5
请教	qǐngjiào	*v.*	consult, ask for advice	4.5
请客	qǐng kè	*v.*	invite sb. to dinner, treat sb.	5.5
秋	qiū	*n.*	autumn, fall	1.2
求	qiú	*v.*	beg, request	3.5

区	qū	*n.*	area, region, district	6.5
取	qǔ	*v.*	fetch, draw, get	3.4
权	quán	*n.*	power, authority, right	6.4
全部	quánbù	*n.*	whole, entirety, total	1.5
全程	quánchéng	*n.*	entire journey	3.2
全名	quán míng		full name	3.1
全体	quántǐ	*n.*	all, entire, total	5.5
缺乏	quēfá	*v.*	lack, be short of	2.3
却	què	*adv.*	but, yet	2.5
确认	quèrèn	*v.*	affirm, acknowledge, confirm	3.2

R

然后	ránhòu	*conj.*	after that, then, afterwards	3.5
燃	rán	*v.*	burn	3.5
让	ràng	*v.*	give in, give up, yield, make way	5.5
让座	ràng zuò	*v.*	give up or offer one's seat (to)	2.4
惹	rě	*v.*	incur, cause, bring (sth. unpleasant)	5.4
热闹	rènao	*adj.*	bustling, lively, busy	2.5
忍不住	rěn bu zhù		cannot help (doing sth.), be unable to bear	4.4
扔	rēng	*v.*	throw	3.3
软件	ruǎnjiàn	*n.*	software	4.1
软卧	ruǎnwò	*n.*	soft berth	2.1

S

扫描	sǎomiáo	*v.*	scan	4.1
扫描仪	sǎomiáoyí	*n.*	scanner	4.1
森林	sēnlín	*n.*	forest	6.5
杀毒	shā dú	*v.*	remove a virus	4.2
纱布	shābù	*n.*	gauze	5.3
啥	shá	*pron.*	(*dialectal*) what	6.5
傻瓜	shǎguā	*n.*	fool, blockhead	4.4
晒	shài	*v.*	bask (in the sun)	1.1
山洞	shāndòng	*n.*	cave	6.5
山区	shānqū	*n.*	mountainous area	6.5
山西路	Shānxīlù	*p.n.*	Shanxi Road	2.5
山珍海味	shānzhēn hǎiwèi		delicacies from land and sea	5.5

删除	shānchú	*v.*	delete	4.1
闪电	shǎndiàn	*n.*	lightning	1.1
陕西路	Shǎnxīlù	*p.n.*	Shaanxi Road	2.5
扇	shàn	*m.*	*measure word for windows and doors*	3.1
伤口	shāngkǒu	*n.*	wound, cut	5.3
商务	shāngwù	*n.*	commercial affairs	2.2
商业	shāngyè	*n.*	business, commerce, trade	6.2
上	shàng	*v.*	leave for, go to	5.3
（上）方	(shàng)fāng	*n.*	(upward) direction, (upward) side	3.2
上升	shàngshēng	*v.*	rise, go up, ascend	1.3
上网	shàng wǎng	*v.*	get on the Internet, surf the Internet	4.2
稍	shāo	*adv.*	a bit, a little	1.2
稍后	shāohòu	*adv.*	later on, a moment later	3.4
少	shǎo	*adj.*	few, little	2.2
舌苔	shétāi	*n.*	tongue coating	5.2
设备	shèbèi	*n.*	equipment, facility	3.2
摄氏度	shèshìdù	*m.*	degree centigrade	3.4
申报	shēnbào	*v.*	declare (sth. to the customs)	2.2
深刻	shēnkè	*adj.*	deep, profound	6.3
什么	shénme	*pron.*	what; any, every	6.4
神经	shénjīng	*n.*	nerve	5.1
神秘	shénmì	*adj.*	mysterious, mystical	3.4
升级	shēng jí	*v.*	upgrade	4.3
生产	shēngchǎn	*v.*	produce; give birth to a child	5.4
生命	shēngmìng	*n.*	life	2.3
生意	shēngyi	*n.*	business, trade	5.5
石	shí	*n.*	stone, rock	3.2
时代	shídài	*n.*	times, age, era	4.3
实际	shíjì	*adj.*	actual, real	4.5
实在	shízài	*adv.*	really, indeed	5.4
使用	shǐyòng	*v.*	use, make use of	3.2
市	shì	*n.*	city, town	1.3
……似的	……shìde	*part.*	*used after a noun, pronoun or verb to indicate similarity*	3.5
事故	shìgù	*n.*	accident, mishap	5.3
事项	shìxiàng	*n.*	item, point, matter	2.2
视频	shìpín	*n.*	video	4.5
是否	shìfǒu	*adv.*	if, whether, whether or not	3.2

适应	shìyìng	*v.*	suit, fit, adapt	3.4
室	shì	*n.*	room	3.1
收成	shōucheng	*n.*	harvest, crop	4.4
收到	shōudào	*v.*	receive, get	4.1
收起	shōuqǐ	*v.*	pack up, pick up	3.2
收音机	shōuyīnjī	*n.*	radio (set), wireless (set)	1.3
手术	shǒushù	*n.*	operation, surgery	5.2
手提（式）	shǒutí(shì)	*adj.*	portable (style)	3.2
首都	shǒudū	*n.*	capital (of a country)	1.2
首先	shǒuxiān	*adv.*	first of all, in the first place	3.4
受不了	shòu bu liǎo		cannot bear or stand	3.4
售票	shòu piào		sell tickets	2.4
售票处	shòupiàochù	*n.*	ticket office, box office	3.1
书房	shūfáng	*n.*	study (room), reading room at home	6.1
舒服	shūfu	*adj.*	comfortable	5.2
输入	shūrù	*v.*	input	4.1
输血	shū xiě	*v.*	blood transfusion	5.1
熟	shú	*adj.*	ripe	1.4
鼠标	shǔbiāo	*n.*	(computer) mouse	4.1
树	shù	*n.*	tree	3.2
树苗	shùmiáo	*n.*	seedling, sapling	6.5
树梢	shùshāo	*n.*	tip of a tree, treetop	3.3
刷卡	shuā kǎ	*v.*	swipe a card	2.4
耍	shuǎ	*v.*	juggle, play with, fool	6.3
双休日	shuāngxiūrì	*n.*	two-day weekend	6.1
水龙头	shuǐlóngtóu	*n.*	tap, faucet	6.2
水泥	shuǐní	*n.*	cement	6.5
水潭	shuǐtán	*n.*	pool, puddle	4.5
睡不着	shuì bu zháo		cannot fall asleep	3.5
顺产	shùnchǎn	*v.*	easy delivery; natural labor	5.4
说明	shuōmíng	*v.*	explain, illustrate, show	2.2
死	sǐ	*v.*	die	2.3
死机	sǐ jī	*v.*	(of the system) halt, crash, go dead	4.2
死人	sǐ rén		dead person	6.5
搜索	sōusuǒ	*v.*	search, look for	4.2
速度	sùdù	*n.*	speed	2.2
酸奶	suānnǎi	*n.*	yogurt	1.4

算	suàn	*v.*	consider, regard as, count as	6.2
算了	suànle	*v.*	let it go, forget it, drop it	3.5

T

他人	tārén	*pron.*	other people	2.3
台	tái	*n.*	station, service	1.3
台风	táifēng	*n.*	typhoon	1.2
谈	tán	*v.*	talk, speak, discuss	5.5
谈论	tánlùn	*v.*	discuss, talk about	1.5
探亲	tàn qīn	*v.*	go home to visit one's family	2.4
趟	tàng	*m.*	*measure word for trips*	2.4
讨厌	tǎoyàn	*v.*	dislike, be disgusted with	1.4
套	tào	*m.*	set, suite	6.4
特点	tèdiǎn	*n.*	characteristic, feature	1.4
疼	téng	*adj.*	painful	5.2
提供	tígōng	*v.*	provide, offer	3.2
提前	tíqián	*v.*	do (sth.) in advance or ahead of schedule (or	2.5
提取	tíqǔ	*v.*	draw, pick up	3.4
提醒	tíxǐng	*v.*	remind, call attention, warn	2.1
体检	tǐjiǎn	*v.*	physical examination	5.5
体温	tǐwēn	*n.*	body temperature	5.1
天空	tiānkōng	*n.*	sky, heaven	3.2
田	tián	*n.*	field, farmland	3.2
条件	tiáojiàn	*n.*	requirement, prerequisite, qualification	6.4
条款	tiáokuǎn	*n.*	(*legal*) clause, item, term, article, provision	6.5
调节	tiáojié	*v.*	regulate, adjust	3.3
调整	tiáozhěng	*v.*	adjust, readjust, regulate	3.3
帖子	tiězi	*n.*	post, posting	4.5
铁路	tiělù	*n.*	railroad, railway	2.4
停	tíng	*v.*	stop, halt	1.1
停车场	tíngchēchǎng	*n.*	car park, parking lot	6.2
停靠	tíngkào	*v.*	stop, be parked	2.3
挺	tǐng	*adv.*	very, rather, quite	1.3

通风口	tōngfēngkǒu	*n.*	air vent	3.3
通通	tōngtōng	*adv.*	all, completely, entirely, totally	4.2
通信	tōngxìn	*v.*	communicate, correspond	3.2
通知	tōngzhī	*v.*	notify, inform	3.3
同意	tóngyì	*v.*	agree, consent	4.5
同志	tóngzhì	*n.*	comrade	3.5
痛	tòng	*adj.*	painful	5.4
头等	tóuděng	*adj.*	first-class, first-rate	2.1
头顶	tóudǐng	*n.*	top of one's head	3.2
投币	tóu bì		put in coins	2.4
透了	tòu le		fully, extremely	2.5
透视	tòushì	*v.*	examine by X-ray	5.1
突然	tūrán	*adj.*	sudden, unexpected	2.5
图片	túpiàn	*n.*	picture, photo, image	4.1
途中	túzhōng	*n.*	on the way	3.2
土	tǔ	*n.*	earth, soil, dust	3.2
推	tuī	*v.*	push away, refuse, shirk	5.5
推出	tuīchū	*v.*	release, push forward, come up with	6.4
退	tuì	*v.*	move back, retreat	4.5
退出	tuìchū	*v.*	escape, leave, quit	4.2
托运	tuōyùn	*v.*	check (one's luggage), consign for shipment	2.2
妥善	tuǒshàn	*adj.*	appropriate, proper, well arranged	3.2

W

外	wài	*n.*	outside	3.1
外出	wàichū	*v.*	go out	2.4
外科	wàikē	*n.*	surgical department	5.1
外来	wàilái	*v.*	come from other places	2.4
外滩	Wàitān	*p.n.*	The Bund (in Shanghai)	2.4
完全	wánquán	*adv.*	totally, completely, entirely	1.5
玩意儿	wányìr	*n.*	thing, creature	4.3
晚点	wǎn diǎn	*v.*	(of a train, ship, flight, etc.) be behind schedule, be late	2.2
万	wàn	*num.*	ten thousand	3.2

网	wǎng	*n.*	net, network	4.1
网吧	wǎngbā	*n.*	Internet bar	4.2
网虫	wǎngchóng	*n.*	netter, Internet geek, net potato	4.4
网络	wǎngluò	*n.*	network, net	4.3
网民	wǎngmín	*n.*	netizen, net-surfer	4.4
网名	wǎngmíng	*n.*	username on the Internet, screen name	4.5
网上	wǎng shang		on the Internet	4.1
网游	wǎngyóu	*n.*	online game	4.2
网友	wǎngyǒu	*n.*	Internet friend	4.2
网站	wǎngzhàn	*n.*	website	4.2
网址	wǎngzhǐ	*n.*	web address, URL	4.2
往返	wǎngfǎn	*v.*	travel to and fro	2.1
微微	wēiwēi	*adv.*	slightly, faintly	3.3
卫	wèi	*n.*	(*short for "卫生间"*) restroom, bathroom	6.2
卫生间	wèishēngjiān	*n.*	toilet, restroom, bathroom	6.1
未	wèi	*adv.*	not yet	4.2
位置	wèizhì	*n.*	position, location, place	3.3
胃	wèi	*n.*	stomach	5.2
胃溃疡	wèikuìyáng	*n.*	gastric ulcer	5.2
温度	wēndù	*n.*	temperature	1.2
文件	wénjiàn	*n.*	document, papers, file	4.1
文明	wénmíng	*n.*	civilization	2.3
稳	wěn	*adj.*	steady, firm	3.4
卧铺	wòpù	*n.*	sleeping berth	2.1
卧室	wòshì	*n.*	bedroom	6.1
乌云	wūyún	*n.*	dark cloud, rain cloud	1.1
屋	wū	*n.*	house, room	3.1
无	wú	*v.*	not have, there is not	2.4
午餐	wǔcān	*n.*	lunch	5.5
舞	wǔ	*v.*	dance	1.1
物品	wùpǐn	*n.*	article, goods	3.2
物业	wùyè	*n.*	property management; property management fees	6.5
误点	wù diǎn	*v.*	be late, be behind schedule	2.1

X

X光	X-guāng	*n.*	X-ray	5.1

西湖	Xī Hú	*p.n.*	West Lake	2.3
西医	xīyī	*n.*	Western medicine	5.1
西藏	Xīzàng	*p.n.*	Tibet Autonomous Region of China	3.4
吸烟	xī yān		smoke (cigarettes)	3.2
牺牲	xīshēng	*v.*	sacrifice	5.5
洗手间	xǐshǒujiān	*n.*	restroom, toilet	3.3
系统	xìtǒng	*n.*	system	3.2
细	xì	*adj.*	thin, slender	1.3
侠	xiá	*n.*	hero, chivalrous swordsman	4.5
下降	xiàjiàng	*v.*	decline, drop, fall	1.3
下来	xiàlai	*v.*	*used after a verb to indicate a downward direction or a movement from far to near*	1.1
下载	xiàzài	*v.*	download	4.1
夏	xià	*n.*	summer	1.2
鲜美	xiānměi	*adj.*	fresh and beautiful	4.5
显示	xiǎnshì	*v.*	show, display	4.1
显示器	xiǎnshìqì	*n.*	(computer) monitor, display	4.1
限制	xiànzhì	*v.*	limit, restrict, confine	6.4
羡/羡慕	xiàn/xiànmù	*v.*	envy, admire	4.5
乡下	xiāngxia	*n.*	countryside	2.4
相交	xiāngjiāo	*v.*	intersect, cross	2.5
消息	xiāoxi	*n.*	news, information	5.4
销售	xiāoshòu	*v.*	sell, market	6.4
小便	xiǎobiàn	*n.*	urine, piss, pee	5.1
小看	xiǎokàn	*v.*	downgrade, underrate, belittle	3.4
小区	xiǎoqū	*n.*	housing estate, residential subdivision	6.2
小心	xiǎoxīn	*v.*	be careful	1.3
笑	xiào	*v.*	laugh, smile	1.1
协同	xiétóng	*v.*	work jointly, cooperate	3.2
协助	xiézhù	*v.*	assist, help, aid	2.2
携带	xiédài	*v.*	carry, take along	3.5
写作	xiězuò	*v.*	write (a book, an essay, etc.)	4.3
血	xiě	*n.*	blood	5.1
心电图	xīndiàntú	*n.*	cardiograph, electrocardiogram	5.1
心跳	xīn tiào	*v.*	heartbeat	5.1
心脏	xīnzàng	*n.*	heart	3.4

新闻	xīnwén	*n.*	news	4.1
新鲜	xīnxiān	*adj.*	fresh	3.3
信	xìn	*v.*	believe, trust	6.3
信息	xìnxī	*n.*	information	2.2
星星	xīngxing	*n.*	star	3.3
行动	xíngdòng	*n.*	action, deed	4.5
型	xíng	*n.*	model, type, pattern	3.3
幸福	xìngfú	*adj.*	happy, blissful	1.2
虚拟	xūnǐ	*adj.*	invented, fictitious, virtual	4.2
虚弱	xūruò	*adj.*	weak, frail, in poor health	5.3
需要	xūyào	*v.*	need, want, demand	2.2
雪人	xuěrén	*n.*	snowman	1.1
血本无归	xuèběn wú guī		can't even regain one's original capital, lose every cent invested	4.4
血糖	xuètáng	*n.*	blood sugar	5.5
血压	xuèyā	*n.*	blood pressure	5.1
血脂	xuèzhī	*n.*	blood fat	5.5

Y

压力	yālì	*n.*	pressure, stress	6.5
押	yā	*v.*	mortgage, pledge	6.1
押金	yājīn	*n.*	cash pledge, deposit	6.1
烟	yān	*n.*	tobacco, smoke, cigarette	2.2
延长	yáncháng	*v.*	extend, prolong	6.1
严重	yánzhòng	*adj.*	serious, grave	3.4
沿海	yánhǎi	*n.*	along the coast	1.4
颜色	yánsè	*n.*	color	1.4
眼	yǎn	*n.*	eye	5.1
眼馋	yǎnchán	*adj.*	covetous, envious	4.5
眼前	yǎnqián	*n.*	before one's eyes	1.2
咽	yàn	*v.*	swallow, gulp, devour	5.4
验血	yàn xiě	*v.*	test the blood	5.1
阳台	yángtái	*n.*	balcony	6.1
遥控	yáokòng	*v.*	telecontrol, distant control	3.2
药	yào	*n.*	medicine, drug	5.1
要不	yàobù	*conj.*	or, otherwise, or else	3.5

要紧	yàojǐn	*adj.*	serious, critical	2.1
要命	yào mìng	*v.*	drive sb. to death, kill	5.3
要是	yàoshi	*conj.*	if, in case	1.5
也许	yěxǔ	*adv.*	perhaps, maybe	6.1
叶（子）	yè(zi)	*n.*	leaf	1.3
夜里	yèli	*n.*	night-time	3.5
一般	yībān	*adj.*	common, general	1.2
一边……一边……	yībiān……yībiān……	*adv.*	*indicating two actions taking place at the same time*	1.4
一旦	yīdàn	*adv.*	in case, if ever, once, the moment (that)	4.3
一路上	yīlù shang		all the way, throughout the journey	3.4
一阵子	yīzhènzi		a period of time	4.3
一致	yīzhì	*adj.*	in accord, consistent	6.5
医疗	yīliáo	*v.*	medical treatment	5.3
医院	yīyuàn	*n.*	hospital	5.1
已	yǐ	*adv.*	already	3.4
易	yì	*adj.*	easy	3.5
意见	yìjiàn	*n.*	idea, opinion, view, suggestion	3.3
因此	yīncǐ	*conj.*	therefore, so	5.3
阴	yīn	*adj.*	overcast, cloudy	1.1
阴雨	yīnyǔ	*n.*	overcast and rainy	1.4
音频	yīnpín	*n.*	audio frequency	3.2
应该	yīnggāi	*v.*	should, ought to	2.2
应有尽有	yīng yǒu jìn yǒu		have everything that one expects to find	2.4
婴儿	yīng'ér	*n.*	infant, newborn baby	4.4
硬盘	yìngpán	*n.*	hard disk	4.1
硬卧	yìngwò	*n.*	hard berth	2.1
用餐	yòngcān	*v.*	have a meal	3.3
用得着	yòng de zháo		there is need to, need	3.5
优美	yōuměi	*adj.*	beautiful, graceful, elegant	2.3
优盘	yōupán	*n.*	USB disk	4.1
尤其	yóuqí	*adv.*	especially, particularly	3.4
由	yóu	*prep.*	(starting) from; to or for (sb.), by (sb.)	3.2
邮件	yóujiàn	*n.*	mail, post	4.1
邮箱	yóuxiāng	*n.*	mailbox, postbox	4.2
游	yóu	*v.*	travel, tour	2.3
游戏	yóuxì	*n.*	game, pastime	3.2

游泳池	yóuyǒngchí	*n.*	swimming pool	6.1
有的放矢	yǒu dì fàng shǐ		speak or act with a well-defined objective in mind	4.4
有时	yǒushí	*adv.*	(*same as "有时候"*) sometimes	1.5
于	yú	*prep.*	than	4.3
鱼汛	yúxùn	*n.*	fishing season	4.4
渔夫	yúfū	*n.*	fisherman, fisher	4.4
与其……不如……	yǔqí……bùrú……		would rather…than…	4.5
与时俱进	yǔ shí jù jìn		keep pace with the times	5.5
预产期	yùchǎnqī	*n.*	expected date of childbirth	5.4
预计	yùjì	*v.*	forecast, predict, estimate	3.2
遇上	yùshàng	*v.*	meet, encounter	4.4
渊	yuān	*n.*	deep pool	4.5
原始	yuánshǐ	*adj.*	primeval, primitive	6.5
约	yuē	*adv.*	about, approximately	3.2
月亮	yuèliang	*n.*	moon	3.2
阅读	yuèdú	*v.*	read	3.3
晕头转向	yūn tóu zhuàn xiàng		be confused and don't know the right way and direction	2.5

Z

杂物	záwù	*n.*	sundries	3.3
再会	zàihuì	*v.*	see you next time	3.4
在下	zàixià	*n.*	(*term of modesty*) I, me	4.5
藏羚羊	zànglíngyáng	*n.*	Tibetan antelope	3.4
糟糕	zāogāo	*adj.*	bad, awful	1.1
增加	zēngjiā	*v.*	add, increase	2.5
占	zhàn	*v.*	occupy, seize, take	6.5
站台	zhàntái	*n.*	platform	2.3
张	zhāng	*m.*	*measure word for paper, paintings, tickets, etc.*	3.1
着急	zháo jí	*adj.*	worried, anxious	2.1
着凉	zháo liáng	*v.*	catch cold, catch a chill	5.3
折腾	zhēteng	*v.*	cause physical or mental suffering, torment	5.3
这辈子	zhè bèizi		whole lifetime, all one's life	3.4
这下（子）	zhè xià(zi)		hence, as a result	6.5
珍贵	zhēnguì	*adj.*	precious, valuable	6.5

真实	zhēnshí	*adj.*	true, real, authentic	6.4
整个	zhěnggè	*adj.*	entire, whole, total	3.2
整理	zhěnglǐ	*v.*	arrange, tidy up, sort out	4.3
正常	zhèngcháng	*adj.*	regular, normal, usual	3.2
之后	zhīhòu	*n.*	afterwards, later	6.5
之前	zhīqián	*n.*	before, prior to	3.4
支持	zhīchí	*v.*	support	3.3
知足	zhīzú	*adj.*	content with what one has	6.5
直	zhí	*adj.*	straight	2.3
值钱	zhíqián	*adj.*	worth much, valuable	6.5
职工	zhígōng	*n.*	staff, worker	5.5
只好	zhǐhǎo	*adv.*	have no choice but	1.1
至	zhì	*v.*	to, until	3.2
质量	zhìliàng	*n.*	quality	3.3
中介	zhōngjiè	*n.*	agency, mediator, intermediary	6.1
中心	zhōngxīn	*n.*	center	6.2
中医	zhōngyī	*n.*	traditional Chinese medicine	5.1
中转	zhōngzhuǎn	*v.*	transfer	3.4
终点	zhōngdiǎn	*n.*	end, terminal, destination	2.5
钟头	zhōngtóu	*n.*	hour	2.1
肿瘤	zhǒngliú	*n.*	tumor	5.2
中	zhòng	*v.*	fall into, sustain, suffer	4.2
周到	zhōudào	*adj.*	attentive and satisfactory, thoughtful	3.2
周围	zhōuwéi	*n.*	surrounding	6.1
逐渐	zhújiàn	*adv.*	gradually, by degrees	3.4
主动	zhǔdòng	*adj.*	initiative	2.4
主要	zhǔyào	*adj.*	main, chief, principal	5.5
住	zhù	*v.*	stay, live	5.2
住房	zhùfáng	*n.*	housing, accommodation	6.5
住院	zhù yuàn	*v.*	be in hospital, be hospitalized	5.1
住院部	zhùyuànbù	*n.*	inpatient department	5.1
注意	zhùyì	*v.*	pay attention, notice	2.2
抓紧	zhuā jǐn	*v.*	lose no time in doing sth.	2.3
专科	zhuānkē	*n.*	specialism, speciality	5.2
专门	zhuānmén	*adv.*	specially, for a particular purpose	6.4
转乘	zhuǎnchéng	*v.*	transfer (to another bus, etc.)	2.5
转弯	zhuǎn wān	*v.*	turn, make a turn	3.5
转动	zhuàndòng	*v.*	turn, revolve, rotate, spin	3.3

装	zhuāng	*v.*	install, fit, assemble	4.1
装修	zhuāngxiū	*v.*	fit up or decorate (a house, etc.)	6.3
状态	zhuàngtài	*n.*	state, condition	3.4
撞	zhuàng	*v.*	bump against, knock down, hit, crash	2.3
幢	zhuàng	*m.*	*measure word for buildings*	2.5
准	zhǔn	*adj.*	accurate, precise	1.3
准备	zhǔnbèi	*v.*	prepare, get ready	2.5
准点	zhǔndiǎn	*adj.*	on schedule, on time	2.2
准确	zhǔnquè	*adj.*	accurate, exact, precise	2.2
准确率	zhǔnquèlǜ	*n.*	accuracy rate	1.3
资料	zīliào	*n.*	data, material	4.3
自然	zìrán	*adj.*	certainly, naturally	2.3
总（是）	zǒng(shì)	*adv.*	always	1.5
租	zū	*v.*	rent, hire, lease, charter	6.1
租界	zūjiè	*n.*	leased territory	2.5
最终	zuìzhōng	*n.*	final, ultimate	6.4
醉醺醺	zuìxūnxūn	*adj.*	drunk, tipsy	5.5
尊敬	zūnjìng	*adj.*	respected, distinguished	3.1
尊重	zūnzhòng	*v.*	respect, esteem	2.3
遵守	zūnshǒu	*v.*	observe, comply with	2.3
左右	zuǒyòu	*n.*	about, approximately	6.1
作	zuò	*v.*	make, do	2.5
作声	zuòshēng	*v.*	make a sound, utter a word	6.5
作用	zuòyòng	*n.*	function, effect	1.4
座	zuò	*n.*	seat, place	2.5
座位	zuòwèi	*n.*	seat	3.2
座椅	zuòyǐ	*n.*	chair	3.2
做（舅舅）	zuò (jiùjiu)	*v.*	be/become (an uncle)	5.4